FACULTÉ DE DROIT DE PARIS.

THÈSE

POUR

LE DOCTORAT

SOUTENUE

Par Jules FERLET,

AVOCAT A LA COUR IMPÉRIALE DE PARIS.

« Ὁ νόμος ἐστὶ βασιλεὺς, θειῶντε καὶ ἀνθρωπίνων πραγμάτων. »

(CHRYSIPPE LE STOÏCIEN.)

PARIS,
CHARLES DE MOURGUES FRÈRES, SUCCESSEURS DE VINCHON,
Imprimeurs-Éditeurs de la Faculté de Droit de Paris,
RUE JEAN-JACQUES ROUSSEAU, 8.

1864

DE LA SOLIDARITÉ CIVILE

EN MATIÈRE DE CONTRATS

D'APRÈS LE DROIT ROMAIN ET LES PRINCIPES DU CODE NAPOLÉON.

THÈSE

POUR LE DOCTORAT

SOUTENUE

le mercredi 20 juillet 1864, à deux heures après midi,

Par Jules FERLET,

AVOCAT A LA COUR IMPÉRIALE DE PARIS.

En présence de M. l'Inspecteur général GIRAUD.

Président : **M. PELLAT,** doyen de la Faculté,

Suffragants :
{
MM. COLMET DAAGE,
DURANTON,
DEMANGEAT,
VERNET,
}
Professeurs.

Agrégé.

Le Candidat répondra aux questions qui lui seront faites sur les autres matières de l'enseignement.

PARIS,

CHARLES DE MOURGUES FRÈRES, SUCCESSEURS DE VINCHON,
IMPRIMEURS-ÉDITEURS DE LA FACULTÉ DE DROIT DE PARIS,
Rue J.-J. Rousseau, 8.

1864.

3979

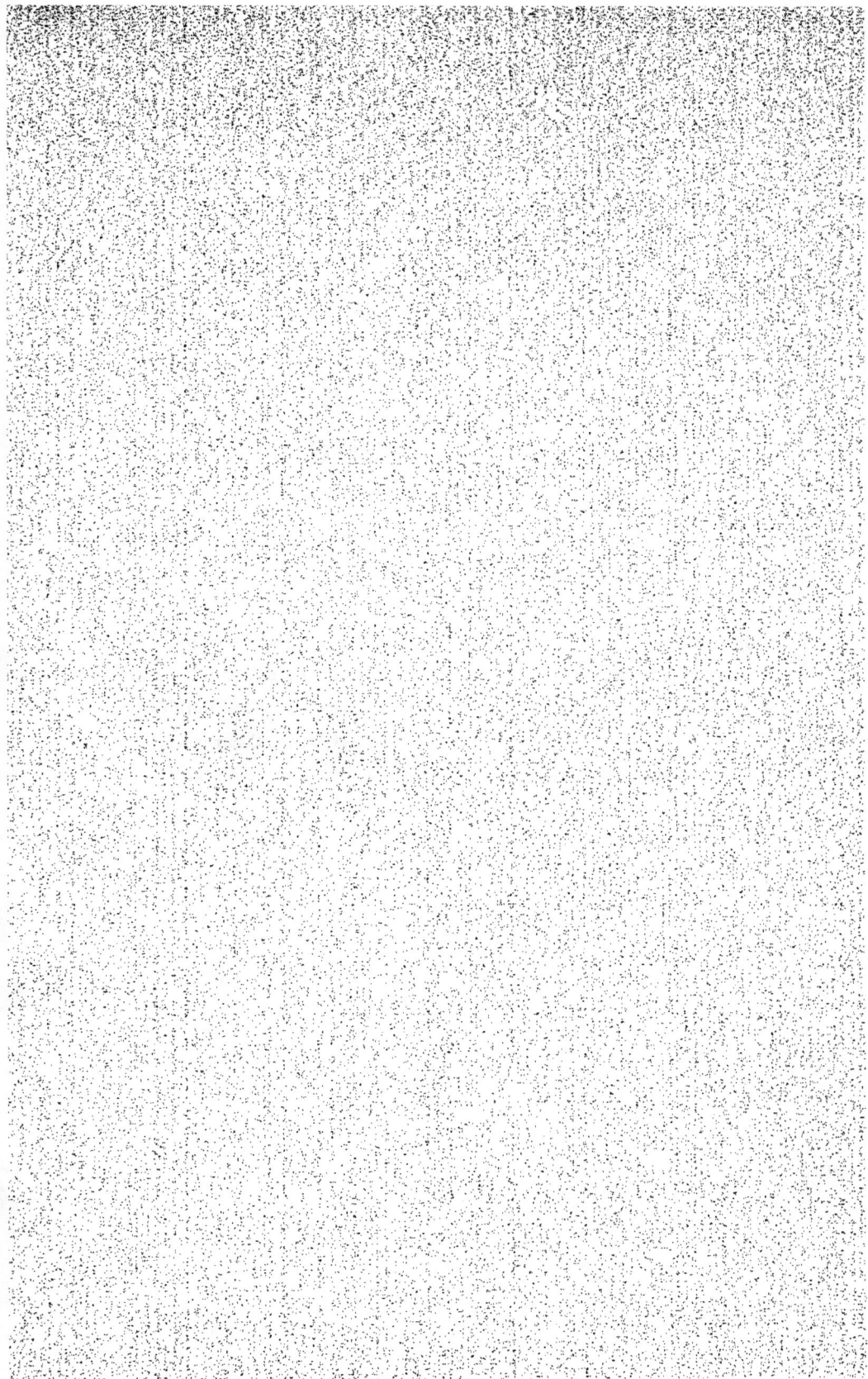

A MONSIEUR LE SÉNATEUR DE MAUPAS

CHARGÉ DE L'ADMINISTRATION DU DÉPARTEMENT DES BOUCHES-DU-RHÔNE,

ANCIEN MINISTRE, ANCIEN AMBASSADEUR,

Grand-Officier de l'Ordre Impérial de la Légion d'honneur, Grand'Croix de l'Ordre
de Saint-Janvier, Grand'Croix de l'Ordre de Pie IX, Grand'Croix de l'Ordre de
Saint-Stanislas, Grand'Croix de l'Ordre de Constantinien de Saint-Georges,
Grand-Officier de l'Ordre des Saints-Maurice-et-Lazare, Commandeur du
nombre extraordinaire des Ordres de Charles III d'Espagne et
d'Isabelle-la-Catholique.

HOMMAGE DE RESPECTUEUSE ET PROFONDE GRATITUDE.

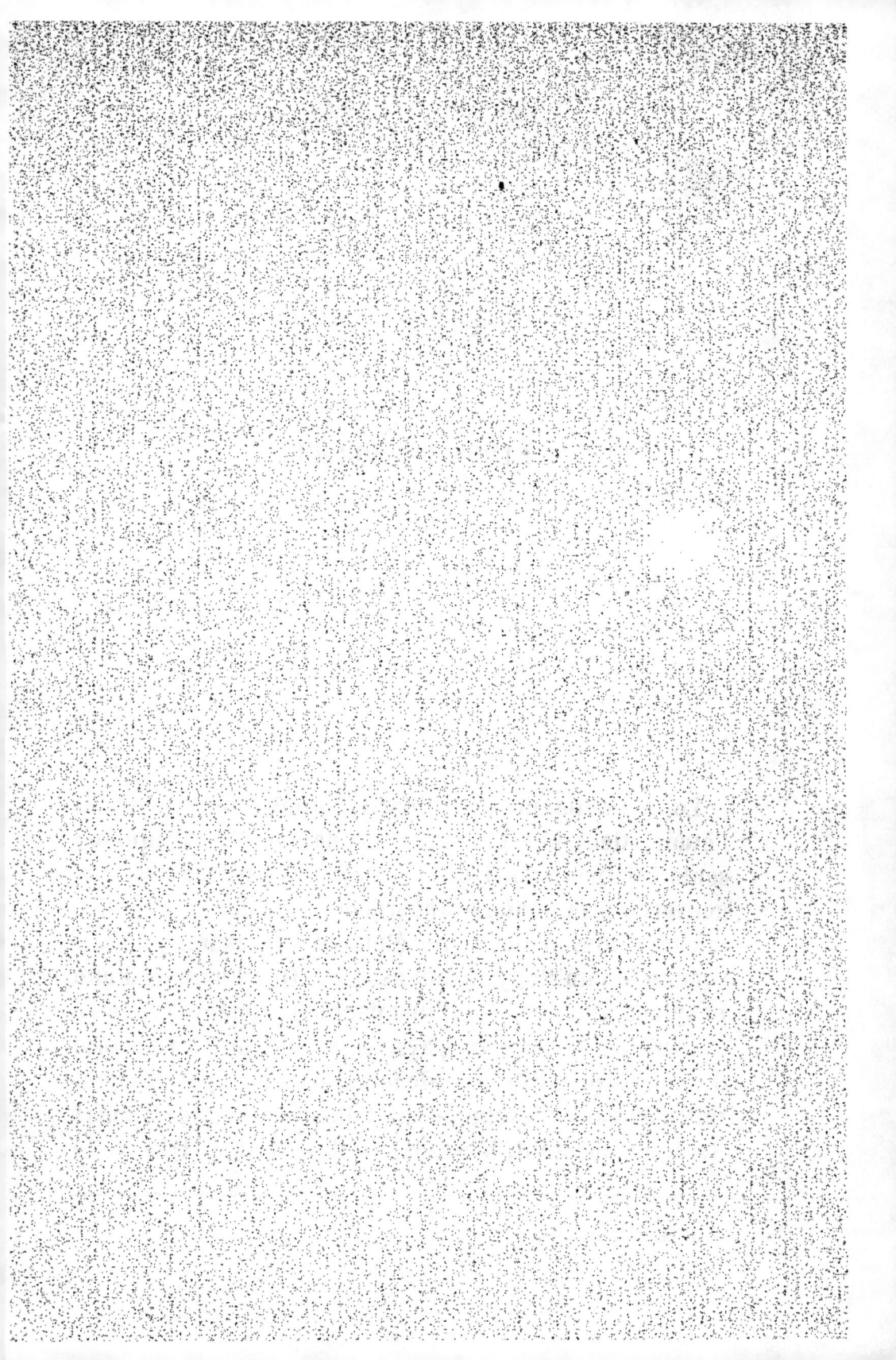

ÉTUDE HISTORIQUE.

Le principe de la solidarité, dont nous abordons l'étude, tient une grande place dans le droit antique; seule loi, pour ainsi dire, des sociétés naissantes, il a gouverné les premiers rapports des hommes et reçu des mœurs rudes d'alors une étendue démesurée; l'État, comme la famille, y étaient asservis. Que l'homme d'une peuplade attaque celui d'une peuplade voisine, la guerre s'ensuit entre les deux pays, et si l'on ouvre l'histoire des temps primitifs, que de fois n'y voit-on pas des querelles de pâtres devenir aussitôt des querelles de nations! Ascagne, chassant, blesse le cerf de Thyrrhée (1), et voilà

(1) Æneid., liv. vii.

qu'à la voix de Sylvic, tout le Latium est en armes pour venger l'insulte; Turnus, du haut de la citadelle de Laurente, déploie l'étendard de la guerre, appelle des alliés et court au devant des Troyens. Les premiers Israélites agissaient de même : la fille de Jacob, Dina (1), est outragée par Sichem : ses frères, l'épée à la main, exterminent tous les habitants mâles de la ville où régnait Hémor, père du coupable. Qu'un chef de famille n'exécute pas ses obligations, ce n'est pas à lui seulement, c'est à tous les siens, à sa femme, à ses enfants, que le créancier s'en prend. Ainsi le décidait pour l'Égypte, par exemple, une loi du roi Asychis (2), portant qu'à défaut de payement, l'infamie atteindrait toute la descendance du débiteur, qui était privée de sépulture. Les choses devaient se passer à peu près ainsi chez les anciens Romains où la puissance paternelle ne connaissait pas de limites même à l'époque de la loi des XII Tables, dont Cicéron, *De Legibus*, parle encore avec enthousiasme, aux plus beaux jours de la République. Les livres sacrés de l'Orient (3) nous offriraient de semblables exemples, puisque, d'après un ancien législateur de l'Inde, le créancier pouvait, pour contraindre le débiteur à payer, retenir dans les fers son fils ou sa femme. Enfin, chez les Hébreux eux-mêmes (4), qui conservaient si fidèlement la tradition de leur commune origine et se considéraient tous comme des frères, les créanciers ne

---

(1) Genes., xxxiv. 2.
(2) V. Rollin, *hist. des Égyptiens*.
(3) Collection du *Panthéon littéraire*.
(4) M. Rodière, *De la Solidarité*, p. 4.

laissaient pas d'user d'une rigueur semblable à l'égard
de la famille de leur débiteur. Les enfants suivaient le
sort du père sous l'esclavage du créancier, et ce n'était
qu'à l'époque de l'année jubilaire qu'ils pouvaient retourner à leur famille et à l'héritage de leurs aïeux.
C'est le Lévitique (1) qui nous l'apprend : « Si pauper-
« tate compulsus vendiderit se tibi frater tuus, non eum
« opprimes servitute famulorum. Sed quasi mercenarius
« et colonus erit. Usque ad annum jubilæum operabitur
« apud te, et postea egredietur cum liberis suis, et re-
« vertetur ad cognationem et ad possessionem patrum
« suorum. »

Cette solidarité de la peuplade ou de la famille était
tellement entrée dans le droit commun de tous les peuples de l'antiquité qu'elle ne disparut pas aux premières
lueurs de la civilisation. A Rome, où la philosophie en-
seignée par les rhéteurs de la Grèce avait pénétré la jurisprudence et fini par transformer en l'humanisant le
vieux droit quiritaire, la législation, lors de la chute des
institutions républicaines, présentait, sur le point qui
nous occupe, un ensemble généralement équitable. Il
naquit pourtant une solidarité que Montesquieu qualifie
de terrible (2), entre les esclaves d'un même maître,
solidarité qui fut établie par une raison politique dans
les premiers temps de l'Empire, et qui ne dut céder
qu'après plus de trois siècles, à l'influence plus douce
des mœurs chrétiennes; car on ne trouve dans les textes
du droit romain aucune loi postérieure qui l'ait abrogée

---

(1) *Lévitique*, ch. 25, v. 39 et suiv.
(2) *Esprit des Lois*, liv. 15, ch. 16.

d'une manière expresse. Nous voulons parler du sénatus-
consulte Silanien, rendu sous Auguste, qui, dans le cas
de meurtre d'un citoyen par ses esclaves, condamnait au
dernier supplice, sans distinction d'âge ni de sexe, tous
les esclaves de la victime habitant sous le même toit ou
dans un lieu assez près de la maison pour qu'on pût entendre la voix d'un homme. La vengeance de la loi s'ap-
pesantissait même sur ceux dont l'innocence était prou-
vée. On le voit dans Tacite (1); le préfet de Rome,
Pedanius Secundus, ayant été assassiné, quatre cents
esclaves, par application de ce sénatus-consulte cruel,
furent mis à mort pour le crime d'un seul, et, comme le
peuple touché du sort de ces malheureux s'agitait sur la
place publique, que la sédition menaçait aux portes du
palais, qu'au sein du Sénat lui-même, des clameurs con-
fuses s'élevaient en faveur du nombre, du sexe, de l'âge
des condamnés, de l'innocence avérée du plus grand
nombre, le jurisconsulte Caius Cassius eut le triste cou-
rage de réclamer l'exécution de la loi. « ... Des innocents
vont périr, je le sais. Eh bien! quoi? s'arrête-t-on devant de tels obstacles, quand on décime une armée? Le
sort ne frappe-t-il pas quelquefois les plus braves? Rien
n'est injuste, Pères conscrits, quand l'utilité publique
exige un grand exemple. » « At quidam insontes peri-
« bunt. Nam et ex fuso exercitu, quum decimus quis-
« que fusti feritur, etiam strenui sortiuntur. Habet ali-
« quid ex iniquo omne magnum exemplum, quod contra
« singulos utilitate publica rependitur. » Néron, par un

---

(1) Annal., liv. 14, § 41 et suiv.

édit, réprima l'effervescence populaire, et sut résister à la témérité de Cingonius Varron, qui proposait d'étendre aux affranchis les rigueurs de cette inhumaine expiation. « C'est un malheur du gouvernement, dit admirablement Montesquieu (1), lorsque la magistrature se voit contrainte de faire ainsi des lois cruelles... Un législateur prudent prévient le malheur de devenir un législateur terrible. C'est parce que les esclaves ne purent avoir chez les Romains de confiance dans la loi, que la loi ne put avoir de confiance en eux. »

Plus tard, à la décadence de l'empire d'Occident, quand les Barbares, après avoir fait plier les armées romaines, envahirent notre sol, nous les trouvons dans les liens de cette solidarité forcée qui caractérise les nations incultes. « Tous les hommes libres, écrit notre savant professeur M. Demangeat si bien pénétré de l'esprit du du droit germanique (2), faisant partie du même canton, de la même association germanique, répondaient solidairement, les uns pour les autres, du maintien de la paix. Lorsqu'un membre de l'association avait commis un crime contre la vie, contre l'honneur ou contre la propriété d'un autre, si l'offenseur n'avait pas assez de fortune pour acquitter le wehrgeld qu'il devait à l'offensé ou à sa famille, les membres de l'association se cotisaient entre eux afin de payer ce wehrgeld. En conséquence de cette responsabilité solidaire qui pesait sur tous les membres de la communauté, la communauté

---

(1) *Esprit des lois*, liv. 5, ch. 16.
(2) M. Demangeat, *Histoire de la condition civile des étrangers en France*, § 11.

était juge elle-même de la convenance qu'il pouvait y avoir à admettre ou à rejeter quiconque ne possédait pas des biens suffisants pour répondre de ses délits : on n'était reçu dans une association germanique qu'autant que tous les membres y consentaient, parce que cette réception faisait naître pour tous des obligations. » Cette solidarité, cette obligation de garantie, ou pour mieux dire, cette fidéjussion réciproque dans laquelle étaient réunis tous les membres d'une même tribu, est attestée par divers textes du droit barbare, entre autres par les lois de Canut-le-Grand et d'Édouard-le-Confesseur. On ne saurait déterminer combien il y avait de ces associations dans la Germanie, les Romains eux-mêmes n'en avaient aucune idée précise ; ils aimaient à parler de cent cantons que César attribue aux Suèves et Tacite aux Semnones. S'il y avait solidarité chez les Barbares entre tous les membres de la tribu, à plus forte raison existait-elle entre tous les membres de la famille, et les enfants devaient-ils être solidairement responsables des dettes de leur père? Les Francs et les Bourguignons se jetant dans l'Empire et poussant leurs hordes sur les Gaules, importèrent donc avec eux un principe qui présentait un antagonisme profond avec celui des lois romaines, lesquelles formaient depuis longtemps le droit commun du pays. Mais, grâce aux efforts des évêques gaulois, le droit survécut à la conquête. Ces derniers, trop éclairés pour pouvoir hésiter dans leur choix entre les usages germaniques grossiers comme les peuples qu'ils régissaient, et les lois romaines de ce temps, élaborées depuis des siècles, par ce que l'humanité compte de plus illustre dans la jurisprudence, et récemment encore, par les empereurs chrétiens, réclamèrent des vainqueurs le privilège de suivre le droit ancien. La législation prit alors ce caractère particulier qu'elle fut non pas territoriale, mais personnelle, chacun vivant sous sa loi nationale. La cause de la civilisation nationale fut ainsi moins compromise par le choc des coutumes barbares, et le droit romain se perpétua, sinon comme science, du moins comme pratique, jusque dans l'obscurité et les déchirements de l'époque féodale, où le grand romaniste de Berlin, M. de Savigny, a patiemment suivi sa trace sur tout le sol de l'Europe et révélé au monde savant son autorité persistante (1). Aussi, par son influence, que les légistes travaillaient sans relâche à développer, les usages germaniques, sur le point qui nous occupe, disparurent à peu près complètement de notre sol, et l'on n'en trouve dans nos lois ou coutumes anciennes que quelques rares vestiges.

---

(1) F. G. de Savigny : *Geschichte des Roem-Rech in Mittelalter.*

ÉTUDE ANALYTIQUE.

DROIT ROMAIN.

CHAPITRE PREMIER.

DE LA NATURE DES OBLIGATIONS CORRÉALES.

Dans une obligation, nous trouvons indispensable-
ment, comme sujets du droit, deux personnes placées
l'une en face de l'autre : l'une, sujet actif, qui peut exiger une prestation; l'autre, sujet passif, de qui cette
prestation peut être exigée. Les expressions *creditor*
pour la première, et de *debitor* pour la seconde, n'appartiennent pas à la langue antique du droit romain, le
terme ancien écrit dans la loi des XII Tables, est celui
de *rei*, qui, dans sa généralité, s'appliquait à la fois aux
deux personnes, et dont notre mot français, *parties*,
serait la traduction la plus exacte. Toutefois, dans la
pratique, *reus* désigna plus spécialement le débiteur;
aussi lisons-nous dans Festus : « *Reus* nunc dicitur....

qui quid promisit spopondilve ac debet. » Et plusieurs textes du Digeste prennent également le mot dans cette acception restreinte (1). Mais on disait très-bien, pour désigner le créancier, *reus credendi*, et par opposition, pour désigner le débiteur, *reus debendi*, ou plutôt, en raison de l'usage fréquent de la stipulation, qui était moins un contrat *sui generis*, parfaitement défini dans ses effets, que la forme sanctionnatrice de toute espèce de convention licite à contracter, *reus stipulandi et reus promittendi*.

Les faits desquels résulte l'obligation peuvent être tels qu'ils se rapportent, du côté du créancier, non pas à une personne seule, mais à plusieurs en même temps : pareille situation peut se présenter du côté du débiteur, et même, les relations juridiques se compliquant, des deux côtés à la fois. Cela peut arriver de plusieurs manières.

1° Mævius et Sempronius promettent 100 sest. à Titius. L'obligation, qui est une en apparence, se décompose au moyen d'un simple calcul, en autant d'obligations isolées et indépendantes les unes des autres, qu'il y a de personnes de chaque côté de l'obligation. Mævius, dans cette hypothèse, est débiteur de 50, et Sempronius également de 50. *Et vice versa*, si, renversant l'hypothèse, nous supposons Mævius et Sempronius créanciers, et Titius, débiteur, Titius devra 50 sest. à Mævius et 50 à Sempronius. C'est là le droit commun : il y a autant de prestations partielles que de personnes ; ces deux obli-

_____

(1) Ulpien. L. 11, princ., *De Noval.*

gations n'ont d'autre lien que ce fait qu'elles ont pris accidentellement naissance au même moment, il n'y a pas entre elles de corrélation intime;

2° Mævius et Sempronius seront obligés de telle sorte vis-à-vis de Titius, que chacun sera tenu de payer 100 sest., et le payement fait par l'un ne libérera pas l'autre. Tel serait le cas où deux personnes auraient agent commis un délit, un *furtum*, par exemple, chaque du délit encourrait la totalité de la peine dont est frappé le vol, et l'un, en ayant payé le montant, l'autre resterait débiteur comme si seul il avait commis le délit. C'est ce que nous enseigne le jurisconsulte Thryphoninus (1), et Ulpien ajoute que ce principe serait appliqué lors même qu'il s'agirait d'un délit tel, qu'un seul homme, réduit à ses propres forces, n'aurait pu le commettre (2);

3° Ce qui est un cas intermédiaire entre les précédents, l'obligation sera de telle nature, que chaque créancier aura le droit d'exiger 100 sest., mais que le payement fait à l'un d'eux libérera le débiteur vis-à-vis de tous, que chaque débiteur sera tenu de payer 100 sest., mais que le payement fait par l'un d'eux opérera libération en faveur de tous les autres; en un mot, il y a unité de prestation. Telles sont les obligations *corréales*. Cette épithète, que nous adoptons avec plus d'un interprète (3), outre qu'elle se rapproche davantage de l'expression employée par les jurisconsultes romains,

---

(1) L. 55. § 1, *De Admin. et peric. tut.*
(2) Ulp. L. 21, § 9, *De Furtis.*
(3) *Droit privé des Romains*, de Marezoll, traduit et annoté par M. Pellat.

de *duo rei*, ou même de *conrei vel correi*, qu'on trouve dans un fragment d'Ulpien (1), évite les ambiguïtés qui sont souvent le résultat de la trop grande généralité des appellations.

Il y a une autre expression que l'on rencontre constamment dans les textes, et dont le sens mérite d'être ici sommairement précisé. Justinien, dans ses Instituts (2), dit, à propos des obligations corréales : « Ex « hujusmodi obligationibus, et stipulantibus *solidum* « singulis debetur, et promittentes singuli *in solidum* « tenentur. » Et, de même au Digeste (3), le jurisconsulte Javolenus : « Ipso jure, et singulis *in solidum* de- « betur et singuli debent. » Évidemment dans ces textes on ne nous donne point la dénomination technique d'une certaine nature d'obligation ; on indique simplement, par des expressions vulgaires, le caractère le plus saillant de l'obligation dont il s'agit. Chaque stipulant peut agir *pour le tout;* chaque promettant peut être poursuivi *pour le tout;* les mots *in solidum*, dans la phraséologie latine, n'ont pas une valeur plus scientifique, plus spécialement juridique, que les mots *pour le tout* dans la phraséologie française. Tandis que chez nous, parler de personnes obligées *solidairement*, c'est désigner par un mot technique une certaine position parfaitement déterminée, à laquelle s'appliquent proprement des règles précises (4). Chez les Romains, au contraire, dire qu'une

---

(1) Ulp , L. 3, § 3, *De Liberat. Legata.*
(2) § 1, *De Duob. Reis stipul. et promitt.*
(3) L. 2, *De Duob. Reis.*
(4) M. Demangeat, commentaire du titre *De Duob. Reis.*

personne est tenue *in solidum*, c'est exprimer un fait qui peut se présenter dans une foule de circonstances diverses. Aussi, pour comprendre cette expression dans la variété infinie de ses applications, il faut souvent considérer à quel rapport de droit elle fait antithèse, et se livrer à l'examen de l'idée inverse; tantôt il y aura opposition à *de peculio* (1), tantôt à *duntaxat de eo quod ad eum pervenit* (2), tantôt à *quatenus facere potest* (3), tantôt à *deductis impensis*, tantôt enfin à *noxaliter* (4). Enfin reste une hypothèse que nous aurons à étudier plus loin dans ses détails, où les personnes qu'on indique comme étant tenues *in solidum* ressemblent le plus aux *correi*, bien qu'il importe encore beaucoup de les distinguer soigneusement de ceux-ci. Par exemple, plusieurs personnes habitaient ensemble un appartement duquel un objet est tombé sur la place publique, et a tué ou blessé quelqu'un; on ignore auquel des habitants la faute est particulièrement imputable, Ulpien nous dit qu'ils seront tenus *in solidum* de l'action que le préteur avait établie en vue des accidents de cette espèce : nous aurons à rechercher plus tard les cas où se présente une situation identique; qu'il nous suffise pour le moment de dire que si ces cas apocryphes de corréalité, comme les appelle élégamment M. de Savigny, ressemblent beaucoup au cas véritables, *ächte und unächte Fälle der Correälität*, notamment en ce que

---

(1) L. 44. *De Peculio Ulp.*
(2) Ulp. L. 17, § 1, *De Dolo Malo*, et Galus, L. 26, *ibid.*
(3) Ulp. L. 3, princ., *De Pecunia constituta.*
(4) Ulp. L. 2, princ., *De noxal. act.*

chaque débiteur peut aussi être poursuivi pour le tout, et le payement fait par un seul libère tous les autres, il subsiste néanmoins entre eux de profondes différences.

Nous consacrerons, dans le cours de cette thèse, un chapitre spécial à l'examen des différences pratiques, et voici la dénomination dont nous ferons usage quand il s'agira de ces débiteurs simplement tenus *in solidum*, nous dirons qu'il y a entre eux une *simple solidarité*, chez les romanistes allemands, *bloss solidarische Verbindlichkeit*. Le contrat de l'obligation *corréale* sera ainsi nettement marqué.

CHAPITRE II.

SOURCES D'OU PROCÈDENT LES OBLIGATIONS CORRÉALES; EXAMEN DE LEURS CARACTÈRES DISTINCTIFS.

De même que la stipulation était pour les Romains la base prédominante de leurs relations juridiques, de même aussi elle était la forme dont ils se servaient le plus fréquemment pour donner naissance aux relations de corréalité. Or, la stipulation consiste essentiellement en une question et une réponse concordantes. Mais quel sera le mécanisme à l'aide duquel la stipulation va ainsi se plier à l'établissement de l'obligation corréale? Il se déduit de ce principe que, du moment qu'une interrogation a été suivie d'une promesse conforme, le contrat par paroles est formé; d'où il suit que si les interrogations étaient séparées et suivies chacune d'une réponse, il y aurait autant de contrats, autant de créances et de dettes distinctes. Pour obtenir le résultat proposé, il faut donc que toutes les interrogations, d'une part, et ensuite la promesse commune ou toutes les promesses, de l'autre, se complètent ensemble l'une par l'autre, et, quoique plusieurs aient interrogé ou plusieurs répondu, qu'elles ne fassent, en définitive, qu'un seul tout, qu'un seul et même acte complet, quoique composé d'éléments multiples (1). C'est ce qu'indique le *principium* de notre titre aux *Institutes*. On y voit que les expressions les plus communément employées étaient celles-ci : « Eosdem quinque aureos, eamdem pecuniam, eadem « decem dare spondes? » car on indiquait évidemment par là que l'objet des deux obligations devait être, non-seulement de même espèce et d'une égale étendue, mais encore devait être un seul et même objet, sauf qu'il portait en même temps sur plusieurs personnes. En résumé, il ne fallait donc pas qu'il y eût intercalation des questions et des réponses. Il fallait, pour la corréalité active, que le promettant ne répondît que *post omnium interrogationem*, sans cela il y aurait eu *alia atque alia obligatio*. Évidemment, pour la corréalité passive, la logique nous autorise à dire qu'il fallait que personne ne répondît *nisi post omnes interrogatos*, et c'est ce qu'exige implicitement la suite du paragraphe de Justinien : « Duo pluresve rei promittendi ita fiunt : Mævi, « quinque aureos dare spondes? Sei, eosdem quinque « aureos dare spondes? *Si respondent singuli separatim spondeo* (2). Cependant un des professeurs les plus émi-

---

(1) M. Ortolan, *Explicat. Historiq. des Instituts*, t. 3, § 1269.
(2) Inst., princip., *De Duob. Reis*.

nents de l'Allemagne, M. de Vangerow, attaque cette dernière interprétation, et prétend qu'un rapport de corréalité passive peut exister, alors même que la réponse d'un des *correi* aurait précédé l'interrogation adressée à l'autre. Nous ne le suivrons pas dans ses efforts d'argumentation où il cherche à échapper à la précision du texte des Instituts, nous nous bornerons à dire que Justinien, dans le passage précité, pose une règle impérative, qui est en parfaite harmonie d'ailleurs avec les principes du droit romain sur la formation du contrat verbal.

Ulpien, dans la loi III de notre titre *De Duobus Reis* au Digeste, prévient un doute qui aurait pu naître. Voulant constituer Primus et Secundus *duo rei promittendi* envers moi, je les ai interrogés, et Primus a répondu à l'instant même *spondeo*; quant à Secundus, il a tardé quelque temps à faire la même réponse, « .... frustra, « dit le jurisconsulte, timetur novatio.... cum hoc actum « inter eos sit ut duo rei constituantur. » On aurait pu croire que le complément indispensable à la création du rapport de corréalité, l'engagement de Secundus, n'ayant succédé qu'après un certain intervalle à l'engagement de Primus, avait nové l'obligation primitivement contractée par ce dernier, en un mot, pour me servir de l'expression technique, que Secundus se portait *expromissor*; mais non, dit Ulpien, le second engagement ne prendra pas la place de l'autre, car ce que les parties ont voulu faire, c'est constituer une obligation corréale, il n'y aura

---

(1) Voy. M. de Vangerow, t. 3, p. 573.

donc pas novation, puisque un élément essentiel pour la novation manque, l'*animus novandi*. De ce texte d'Ulpien, il convient de rapprocher un fragment de Julien, qui forme au Digeste la loi VI, p. 3, *De Duobus Reis:*
« Duo rei sine dubio ita constitui possunt, ut et temporis
« ratio habeatur intra quod uterque respondeat. Modi-
« cum tamen intervallum temporis, item modicus actus,
« qui modo contrarius obligationi non sit, nihil impe-
« dit quominus duo rei sunt. Fidejussor quoque inter-
« rogatus inter duorum reorum responsa, si responde-
« rit, potest videri non impedire obligationem reorum :
« quia nec longum spatium interponitur, nec is actus qui
« contrarius sit obligationi. » Ainsi la simultanéité de l'opération était exigée, on ne tolérait qu'un temps modique entre les deux promesses, ou qu'un acte qui n'eût rien de contraire à l'obligation corréale, par exemple, un fidéjusseur interrogé *inter duorum reorum responsa.* Du reste, Julien ne fait qu'appliquer ici à l'obligation corréale un principe fondamental en matière d'*obligatio verbis,* principe formulé ainsi par Venuleius : « Conti-
« nuus actus stipulantis et promittentis esse debet (1). »

Une autre condition est nécessaire à l'établissement, ou plutôt à la preuve de l'obligation corréale. La corréalité étant une exception, il faut que le créancier qui en réclame le bénéfice commence à en établir clairement l'existence; un fragment des Réponses de Papinien applique cette règle; et, dans le doute, se prononce en faveur du débiteur, comme d'ailleurs en toute matière où il

_____

(1) L. 137, *Princip. De Verb. Oblig.*

s'agit d'interpréter une manifestation de volonté. Sur
des tablettes se trouve cette mention : « Julius Carpus a
« régulièrement stipulé tant de pièces d'or ; moi, Anto-
« ninus Achillæus, et Cornelius Divus, nous avons ré-
« pondu à cette stipulation. Chacun doit une part virile,
« ajoute le jurisconsulte, car on n'a pas ajouté que les
« promettants se soient obligés chacun *in solidum*, de
« manière à se constituer *duo rei promittendi* (1). »

Supposons maintenant que, l'intention des parties
étant bien d'établir une obligation corréale, j'aie interrogé
dans ce but Primus et Secundus ; quel sera, par rapport
à Primus, l'effet de l'inutilité de la stipulation que j'ai
adressée à Secundus ? Julien et Venuleius ont traité tour
à tour ce point de droit dans des espèces analogues, et
leurs décisions d'ailleurs parfaitement concordantes forment les lois VI, princip. et par. 2, et XII, princip. et
par. 1, de notre titre au Digeste. Voyons d'abord le texte
de Julien : « Duos reos promittendi facturus, si utrum-
« que interrogavero, sed alter duntaxat responderit : ve-
« rius puto eum qui responderit obligari. Neque enim
« sub conditione interrogatio in utriusque persona fit,
« ut ita demum obligetur si alter quoque responderit.

« Sed, si a duobus reis stipulandi interrogantus respon-
« disset uni se spondere : ei soli tenetur. » Au moment
où je stipulais 100 sesterc. de Primus et de Secundus, il
était entendu qu'ils allaient être constitués *duo rei promittendi*, alors chacun eût couru la chance de voir les
poursuites du créancier se diriger sur son *correus*, et d'é-

(1) L. II, par. 1 et 2, *De Duob Reis.*

chapper ainsi à la prestation promise. Mais Primus seul
a répondu; un premier point incontestable et qu'il faut
mettre tout de suite hors de cause, c'est que Secundus,
qui n'a pas promis, n'est pas lié, qu'il n'y a pas par suite
obligation corréale; mais Primus, lui, est-il obligé et
obligé pour le tout? On serait tenté de croire que non, et
même des expressions employées par Julien on peut
conclure à bon droit que la chose avait fait doute entre
les jurisconsultes romains; mais Julien admet comme
vraie l'opinion de ceux qui disent qu'il est obligé et pour
le tout. Cette décision, d'ailleurs éminemment juridique,
concorde très-bien avec les principes fondamentaux du
droit romain sur la matière. Ce n'est pas à la simple intention, c'est à la stricte prononciation des paroles qu'il
faut se reporter, le lien de droit est ici créé *verbis;* j'ai
interrogé Primus, et Primus m'ayant répondu, le contrat s'est aussitôt formé. Sans doute Primus a dû croire
que Secundus allait être son correus, mais l'erreur où il
est tombé ne suffit pas pour vicier son consentement,
surtout en matière de stipulation, contrat *stricti juris,*
qui se rattache par le *nexum* aux premières institutions
nationales de Rome, et où l'équité prétorienne avait souvent besoin d'intervenir pour tempérer la rudesse d'un
droit primitif et d'un formalisme rigoureux.

Passons maintenant à l'étude du fragment de Venuleius
où nous trouverons une application variée de la règle posée par Julien « Si a Titio et pupillo sine tutoris aucto-
« ritate stipulatus fuero eadem decem, vel a servo : et
« quasi duos reos promittendi constitui, obligatumque Ti-
« tium solum Julianus scribit. Quamquam, si servus spo-
« ponderit, in actione de peculio eadem observari debent

« ac si liber fuisset. » Des deux personnes que j'ai inter-
rogées dans le but de les constituer *duo rei promittendi*
envers moi, l'une se trouve être un pupille non autorisé
par son tuteur, ou bien un esclave. Conformément au
texte précédent, je n'en ai pas moins acquis le droit de
poursuivre et de poursuivre *in solidum* l'autre promettant.
Mais *quid* du pupille ? *quid* de l'esclave ? Commençons
par le pupille. Le pupille, n'ayant pas été autorisé par
son tuteur n'est pas obligé civilement; et même, deux
fragments, l'un de Neratius (1), l'autre de Licinnius
Rufinus (2), portent qu'il n'est pas obligé naturellement
nec natura debet; ne quidem jure naturali obligatur. Mais
telle n'est certainement pas la doctrine des principaux
jurisconsultes dont les écrits figurent au Digeste, Pomponius, Papinien, Paul et Ulpien; d'où il suit que si l'ex-
pupille, devenu capable et appréciant en lui-même la validité de son engagement, pense qu'il est de son devoir
de le mettre à effet, la *conditio indebiti* qu'il voudrait
ensuite intenter ne serait pas recevable, et l'autre promettant, qui seul pouvait être poursuivi, se trouverait libéré. Bien entendu que, dans tous les cas, le pupille est
obligé même civilement jusqu'à concurrence de ce dont
il s'est enrichi, *quatenus locupletior factus est,* c'est la
disposition formelle d'un rescrit d'Antonin-le-Pieux (3).

Pour l'esclave, on sait, que, dans la stricte rigueur du
droit civil, il est considéré comme ne constituant pas
une personne, c'est-à-dire comme incapable d'avoir ou

---

(1) Dig., 12, 6, *De Condict. indeb.*, 41.
(2) Dig., 44, 7, *De Oblig. et Act.*, 59.
(3) Dig., 26, 8, *De auctor. tutor.*, 5, princip. Ulp.

de devoir des droits; mais de nombreux tempéraments avaient été apportés à ce principe, tempéraments basés sur le droit naturel, suivant lequel les jurisconsultes Romains déclaraient tous les hommes égaux (1). Ainsi on avait admis équitablement que l'esclave, par ses contrats ou par ses pactes, pouvait *ex personâ suâ* donner naissance à une obligation naturelle : « ex contractibus, dit Ulpien, naturaliter et obligantur et obligant. »(2) Par suite de ces règles, l'esclave, dans notre espèce, étant obligé *naturaliter*, sa dette n'est pas exigible contre lui; mais, s'il a un pécule, sa promesse peut donner lieu à une action *de peculio* contre son maître, conformément aux principes généraux sur les actions dites *adjectitiœ qualitatis*. Ce serait alors véritablement une obligation corréale qui existerait au profit du créancier, en ce sens qu'il pourra à son choix, soit intenter une action directe contre le premier promettant, soit une action *de peculio* contre le maître du second.

A ces deux hypothèses prévues par Venuleius, on en peut ajouter une troisième; (3) un des promettants est une femme qui intercède pour autrui, sauf à remarquer tout d'abord que le sénatusconsulte Velléien refuse à cette *intercessio* même les effets d'une obligation naturelle. Mais il y a des cas où la femme ne sera pas considérée comme intercédant, d'après la destination qu'auront reçue les écus empruntés, le résultat signalé plus haut n'est donc pas inévitable, nous en avons la preuve

---

(1) Dig., 50, 7, 17, *De Regulis Juris*, 32, Ulp.
(2) Dig., 44, 7, L. 14, *De Oblig. et Act.*
(3) V. M. Demangeat, Commentaire du titre *De Duobus Reis*, § 344.

dans un texte d'Africain, dont voici la traduction : « Une femme et Titius, faisant un emprunt en vue d'une chose commune entre eux, *cum in rem communem mutuarentur,* ont contracté une obligation corréale : le jurisconsulte disait que la femme ne devra pas toujours être considérée comme ayant intercédée pour la part de son communiste. En effet, lorsque l'emprunt a été fait pour un motif tel que sans cet emprunt la femme eût souffert une perte plus considérable (ainsi une maison commune n'eût pas été réparée, un fonds commun eût été confisqué), il vaut mieux dire que le sénatusconsulte ne s'applique pas. » (1) Le jurisconsulte termine en disant que cette décision ne serait plus vraie au cas où la somme aurait été empruntée en vue d'un achat. Alors la femme, n'ayant pas un intérêt propre, au moins la plupart du temps, à libérer son coacheteur envers le vendeur commun, serait censée avoir intercédé pour moitié.

Il ne nous reste plus rien à dire du rôle que jouait à Rome la stipulation dans la création du rapport de corréalité ; et maintenant que nous connaissons le mode par excellence d'établir ce rapport, c'est le temps d'en étudier la nature, d'en déduire les principes et d'en reconnaître les effets. Un fragment de Javolenus (2) nous en donne une idée générale : « Cum duo eamdem pecuniam aut promi-
« serunt aut stipulati sunt *ipso jure et singulis in solidum*
« *debetur et singuli debent.* Ideoque petitione acceptila-
« tione unius tota solvitur obligatio. » Et aux Instituts, § 1,
« de notre Titre : « *Ex hujusmodi obligationibus, et stipu-*

---

(1) L. 17, § 2, *Ad Senatuscons. Vellei.* (16, 1).
(2) L. 2, de notre Titre, Dig.

« *lantibus solidum singulis debetur et promittentes singuli*
« *in solidum tenentur*. In utraque tamen obligatione *una*
« *res vertitur*, et vel alter débitum accipiendo, vel alter sol-
« vendo, omnium perimit obligationem et omnes liberat. »
La chose due l'est, dans le cas de plusieurs costipulants, à
chacun d'eux en totalité, et, dans le cas de plusieurs copromettants, par chacun deux en totalité. Il n'en pouvait
pas être autrement, dit très-bien M. Ortolan, *Explication
historique des Instituts* (1). Il n'en pouvait pas être autrement dans l'esprit du strict droit romain; chacun
des créanciers a stipulé et il lui a été promis la chose
en totalité; chacun des débiteurs a promis la chose en
totalité. Mais cette chose, elle n'est due qu'une seule
fois, car ce n'est qu'un seul et même objet pour tous qui
a été stipulé et promis : objectivement l'obligation est
une, *una res vertitur*, selon les Instituts; « .... utique
« enim cum una sit obligatio, una et summa est, » dit
plus explicitement Ulpien, principe qu'il convenait de
mettre tout de suite en lumière, car il sert de base à toute
la théorie des obligations corréales, théorie élaborée
avec cette admirable science de déduction que possé-
daient à un si haut degré les jurisconsultes de Rome.

Subjectivement, y a-t-il, dans cette combinaison particulière du contrat par paroles, plusieurs obligations, autant que de costipulants? autant que de copromettants?
Ou n'y en a-t-il qu'une seule? Si l'on considère le contrat au
point de vue de la génération corrélative des droits et des
dettes, ou si l'on se réfère à la nature de l'obligation qui em-

---

(1) T. III, § 1270.

porte l'idée d'un lien, d'une nécessité d'action ou d'inaction imposée à une personne envers une autre, d'une relation juridique entre le créancier et le débiteur, évidemment on reconnaîtra que dans le cas, par exemple, de plusieurs costipulants, le promettant est obligé envers chacun d'eux, qu'il y a donc autant de liens que de costipulants, qu'il en est de même dans le cas de plusieurs copromettants, chacun étant dans la dépendance par rapport au créancier pour l'exécution du droit dont il est individuellement passif. Cette vérité n'avait pas échappé à la sagacité des Jurisprudents, qui proclament formellement cette multiplicité d'obligations du moment qu'ils considèrent le contrat sous le rapport des personnes : « Nam etsi « maxime parem causam suscipiunt, nihilominus in cu « jusque persona propria singulorum consistit obliga « tio (1), » dit Papinien, et Venuleius est encore plus explicite : « ... duas species obligationis eum sustinere « dicendum est (2), » dit-il, en parlant de l'hypothèse où soit l'un des *duo rei promittendi*, soit l'un des *duo rei stipulandi* hériterait de l'autre. De même, Scœvola, qui eut la gloire de former à la science du droit deux hommes, l'un, Papinien, qui illustra la jurisprudence, l'autre, Septime-Sévère, qui, arrachant l'empire au despotisme des légions, fit enfin luire pour les Romains des jours heureux et mérita d'être compté parmi les bons princes, Scœvola, dis-je, comparant le cas où le débiteur principal laisse pour héritier le fidéjusseur et le cas où l'un des *rei promittendi* succède à l'autre, s'exprime

---

(1) Dig., 45, 2, 9, §2. Papin.
(2) Dig., 45, 2, 13, Venulei.

ainsi : « ... quasi generale quid retinendum est, ut, ubi
« ei obligationi quæ sequelæ locum obtinet principalis
« accedit, confusa sit obligatio, *quotiens duæ sint prin-*
« *cipales,* altera alteri potius adjicitur ad actionem quam
« confusionem parere. » Ainsi, en résumé, UNITÉ D'OBLI-
GATION QUANT A L'OBJET, PLURALITÉ QUANT AUX SUJETS,
tels sont, en matière de corréalité, les deux principes,
qui se complètent l'un par l'autre, et servent à expliquer
rationnellement les règles de ce genre d'engagement.

Unité quant à l'objet : — Donc, si l'objet est payé, ou
s'il vient à se produire de la part ou dans la personne
d'un des *correi stipulandi* ou *promittendi,* un de ces
modes juridiques d'extinction portant sur l'objet même,
in rem, toutes les obligations sont dissoutes. Et c'est le
jurisconsulte Javolenus lui-même qui proclame cette
conséquence, quand, pénétré de cette idée d'unité de
l'obligation, il ajoute dans une loi précédemment citée
et d'ailleurs capitale en notre matière : « *Ideoque* peti-
« *tione, acceptilatione unius, tota solvitur obligatio.* »
Ainsi l'*acceptilatio unius* emporte pour tous extinction
de l'obligation corréale. La *petitio unius* est mise sur la
même ligne ; en effet, si, d'une part, la *litis contestatio*
emporte extinction de l'obligation déduite *in judicium,*
si, d'autre part, un des caractères distinctifs de la corréalité est l'unité d'obligation, il en résulte invincible-
ment que l'obligation corréale est éteinte dès qu'il y a
eu *lis contestata* de la part d'un des créanciers ou avec
l'un des débiteurs. Ainsi, dans le cas de plusieurs costipulants, chacun d'eux a action pour la totalité contre le
débiteur commun, mais du moment que l'un d'eux a
intenté l'action, la personne des autres s'efface, c'est

comme si ces autres n'avaient jamais existé, le débiteur est libéré envers eux. Réciproquement, dans le cas de plusieurs copromettants, le créancier a action contre chacun d'eux pour la totalité, mais dès qu'il a poursuivi l'un d'eux, les autres sont libérés.

Unité quant à l'objet : — Donc la chose due doit toujours et absolument être la même pour tous, et Gaius applique ce principe, dans une loi (1), assez obscure toutefois, et dont l'interprétation a donné lieu à des opinions divergentes, en voici le texte : « Si id, quod
« ego et Titius stipulamur, in singulis personis proprium
« intelligitur : non poterimus duo rei stipulandi consti-
« tui. Veluti cum usumfructum aut dotis nomine dari
« stipulemur. Idque et Julianus scribit. Idem ait, et si
« Titius et Seius decem aut Stichum, qui Titii sit, stipu-
« lati fuerint : non videri eos duos reos stipulandi, cum
« Titio decem tantum, Seio decem aut Stichus debeantur,
« Quæ sententia eo pertinet ut, quamvis vel huic, vel illi
« decem solverit, vel Seio Stichum, nihilominus obliga-
« tus manet ; sed dicendum est, ut, si decem alteri sol-
« verit, ab altero liberetur.

Il est assez malaisé de reproduire à coup sûr les deux exemples auxquels Gaius se réfère d'une façon si sommaire, lorsqu'il dit : *veluti cum usumfructum aut dotis nomine dari stipulemur*, et Pothier, (2) nous le pensons du moins, en s'écartant des données du jurisconsulte,

---

(1) Dig., *De duobus reis*, L. 15.
(2) Pothier, Pandect. Justin., tit. *De duobus reis*, n° 11.

qu'il cherche a compléter par des hypothèses arbitraires, on a méconnu le véritable sens.

L'explication à laquelle nous nous arrêtons est bien simple (1); l'usufruit ne saurait être l'objet d'un rapport de corréalité, car, comme c'est un droit essentiellement attaché à la personne, sa valeur varie suivant mille influences diverses, suivant l'âge, l'état de santé de chaque individu, donc les droits ou les obligations auxquels il sert de base ne pourraient être d'une égale étendue, et alors, on peut dire avec raison, *in singulis personis proprium intelligitur*. De même, si Primus et Secundus, dans la forme qui doit être employée pour faire naître l'obligation corréale, stipulent d'un tiers que celui-ci leur constituera une dot convenable quand ils se marieront, il n'y a pas identité d'objet, les obligations sont *imparis potestatis*, car une dot convenable pour l'un, d'après les éléments de fait qui en cette matière doivent servir de base à l'appréciation, peut être insuffisante pour l'autre. Telle est, à n'en pas douter, la vraie interprétation de la loi 15. Sans doute, la promesse de dot, sans désignation de la quantité ou de la qualité de la chose donnée en dot, est inutile en raison de la trop grande indétermination de l'objet, à moins qu'elle n'émane du père ou de l'aïeul paternel de la femme. Mais cette promesse de dot indéterminée devient valable, comme l'a mis en lumière « un romaniste éminent, que l'on peut sans flatterie comparer aux professeurs les plus illustres de la savante Allemagne (2) », quand on se réfère, pour sa déter-

(1) Voir M. Demangeat, Commentaire du titre *De duobus reis*, p. 362 et suiv.
(2) M. Pellat, Commentaire de la loi 69, *De jure dotium*.

mination, à l'arbitrage d'un homme sage et raisonnable, *boni viri arbitratu*, ou ce qui est entendu dans le même sens, *promittentis arbitratu*.

Le reste de la loi n'offre aucune difficulté. La dernière phrase, avec sa tournure toute grecque (*dicere ut* est la traduction mal déguisée de λίγειν ὅτι), nous annonce une interpolation. C'est un tempérament apporté par le compilateur à la décision rigoureuse que donnait le jurisconsulte d'accord avec l'*ipsum jus*.

Signalons en passant un point de contact entre la corréalité et la simple solidarité où cette condition d'unité d'objet est également requise. Bien qu'il y ait alors, comme nous le verrons plus tard, autant d'obligations distinctes que de personnes obligées, chacune de ces obligations doit avoir le même objet; du moment que deux personnes contractent avec une troisième de manière à être tenues de prestations dissemblables, nous ne les considérerons pas comme ayant voulu s'obliger solidairement. C'est à ce principe que nous rattachons la disposition de la loi 9, §. 1 de notre titre, au Digeste.

Pluralité d'obligation quant aux sujets. — Puisque, si l'on considère les personnes, on est obligé de reconnaître plusieurs liens, chacun de ces liens peut être affecté de modalités différentes, voilà pourquoi Florentinus (1) et, après lui, les rédacteurs des Instituts, nous disent : « Ex duobus reis promittendi alius in diem vel « sub conditione obligari potest : nec enim impedimento

_____

(1) L. 7, *De duob. reis*, et Instit., § 2 du même titre.

« erit dies, aut conditio, quominus ab eo, qui pure obli-
« gatus est, petatur. » Ce texte doit être rapproché d'un
fragment de Papinien, qui pose la même règle (1). C'est
encore par application de la même idée qu'on décide,
dans la loi 6, § 1 de notre titre, que deux *rei* étant constitués, il peut y avoir *satisdatio* de la part de l'un et de
l'autre, ou bien même de la part d'un seul d'entre eux.
Ajoutons qu'un pacte de *non petendo* peut être fait avec
l'un des débiteurs de manière à ne pouvoir être invoqué
que par lui. Enfin, un des copromettants se trouve-t-il
exempté de l'obligation par diminution de tête, l'obligation des autres continue de subsister.

Ce n'est, nous l'avons dit, que comme exception au
droit commun, d'après lequel l'obligation contractée par
plusieurs se décompose en autant d'obligations indépendantes qu'il y a de sujets jouant le rôle passif ou le
rôle actif, ce n'est que comme exception qu'on rencontre
la situation spéciale que nous étudions, dans laquelle
une seule et même obligation se rapporte tout entière,
et sans partage, à chacun de plusieurs créanciers ou
débiteurs. Nous avons commencé à exposer les sources
de cette situation exceptionnelle, qui a, pour première
cause, si l'on veut prendre les choses au point de vue le
plus général, la volonté des personnes dont l'activité
engendre l'obligation. Nous avons déjà parlé du contrat
verbal. Mais cette volonté qui donne naissance à la
corréalité peut se manifester sous d'autres formes juridiques ; nous arrivons à leur examen.

---

(1) L. 9, § 1, *De duob. reis.*

Un rapport de corréalité peut prendre naissance par dernière volonté, la loi 9, *De duobus reis*, est formelle à cet égard. Nous avons aussi un fragment de Pomponius (1) duquel il résulte qu'un testateur peut établir une obligation corréale à la charge de plusieurs héritiers au profit d'un légataire. Pomponius suppose un legs ainsi conçu : « Lucius Titius heres meus aut Mœvius heres « meus decem Seio dato. » Le légataire peut choisir celui des héritiers qu'il veut poursuivre pour le tout, *cum utro velit, Seius aget*. De même que la corréalité passive, la corréalité active peut résulter d'un testament dans le cas où l'héritier doit payer un legs à l'un d'entre plusieurs légataires, qui deviennent par là *duo rei credendi*. Alors l'héritier a le choix entre ces divers légataires, mais s'il reste dans l'expectative, l'un d'entre eux peut lui réclamer le legs tout entier, ce qui exclut les autres, telle est la disposition précise de la loi 16, *De leg.* 2° : « Si Titio « aut Seio, utri heres vellet, legatum relictum est : heres « alteri dando, ab utroque liberatur. Si neutri dat : uter- « que perinde petere potest atque si ipsi soli legatum « foret. Nam ut stipulando duo rei constitui possunt, ita « et testamento potest id fieri. » Aucun doute sur l'inter- prétation de la volonté du testateur n'était possible, dans cette hypothèse, en raison de l'adjonction *utri heres vellet*. Mais il n'en fut pas ainsi, de la conjonction *aut* employée seule ; admise par un grand nombre de juris- consultes comme suffisante pour impliquer la corréalité, elle fut rejetée par Justinien, qui, par une constitution

---

(1) L. 8, § 1, *De leg.*-1°.

de l'an 531 (1) déclara que, désormais *aut* équivaudrait
a *et*, dans le cas où cette conjonction unirait les noms
des légataires d'un même objet, de sorte que chaque légataire recevrait la moitié du legs. Le but avoué était de
faire cesser les discussions qui s'élevaient sur ces dispositions ambiguës. Du reste, la constitution ne parle pas
de la corréalité passive ; les deux héritiers continuent
donc à être tenus *correaliter* quand le testateur a dit :
Titus aut Mœvius decem Seio dato.

Une autre cause de corréalité, également incontestable,
qui avait, avec la stipulation, des analogies révélant une
filiation commune, c'était le contrat *litteris*, ce vieux
mode quiritaire de s'obliger, autour duquel, malgré les
investigations des interprètes et la découverte du manuscrit de Vérone, l'obscurité est grande, comme autour
de tout ce qui se rattache aux habitudes domestiques des
Romains. Chez un peuple essentiellement formaliste,
dont le fond du caractère, surtout dans les premiers
siècles, fut la sévérité de mœurs, qui poussait dans
l'économie des affaires jusqu'à l'austérité cet esprit
pratique d'ordre et de combinaison méthodique, et jusqu'à l'avarice l'arrangement parcimonieux du patrimoine,
ce devint une habitude nationale, quand les moyens
graphiques furent introduits et répandus, que chaque
chef de famille tint un registre où il consignait ses opérations de chaque jour relatives aux biens. Il est curieux
de voir dans les auteurs classiques, et jusque dans les
plaidoyers de Cicéron (2) de quel respect, de quel carac-

---

(1) L. 4., C., *De verbis et rer. signif.*, 6, 38.
(2) Cicéron, *In Verrem*, *actio* 2; Cicér., pro. *Roscio comœdo*. 9; Cicér.,
pro Cluentio.

tère de sanction presque religieuse et publique, la foi et
l'honnêteté primitives entouraient ces tables domestiques ! Quand deux Romains portaient un tiers sur leurs
registres, *codex*, *tabulæ*, comme leur débiteur pour une
seule et même créance, il se produisait absolument le
même effet que s'ils étaient devenus *duo rei stipulandi*
par stipulation ; comme aussi quand un Romain inscri-
vait sur son registre deux autres personnes comme ses
débiteurs pour la même somme. Il est évident que, dans
les deux cas, il faut supposer le consentement de tous
les intéressés dans le but de faire naître un rapport de
droit de ce genre, de même que ce consentement était
nécessaire pour rendre valable un contrat littéral quelconque. Mais il fallait en outre indiquer la relation
entre les diverses *expensilationes*, indiquer que toutes
avaient le même objet ; et, quand à la forme, c'était probablement : *Expensum Titio centum, expensum Mœvio
eadem centum*. Telle était la manière de créer *litteris*
l'obligation corréale. On comprend que nous n'ayons
pas de preuves immédiates pour confirmer cette institution dans le très-ancien droit, car on sait que l'usage de
ces *tabulæ* s'en alla avec les vertus antiques, qu'on ne
voulut plus, suivant Asconius ou le faux Asconius (1)
consigner sur un registre tous les actes de sa vie et se
faire condamner par l'attestation de ses propres écritures,
que par suite les compilateurs de Justinien ont été
portés à effacer des fragments qu'ils ont reproduits au

---

(1) Asconius, *In Verrem*, act. 2, lib. 1, § 23. « Sed postquam, obsignandis
« litteris reorum, ex suis quisque tabulis damnari cœpit, tota hæc vetus con-
« suetudo cessavit. »

Digeste les derniers vestiges d'un droit tombé en désuétude. Nous possédons cependant deux textes auxquels
nous pouvons attribuer une force probante absolument
égale. Bannis du droit civil par la corruption des mœurs
et la décadence des idées, les *nomina transcriptitia*, pour
me servir de l'appellation de Gaius, survécurent assez
longtemps dans les livres des argentarii, qui correspon-
daient à la fois à nos banquiers et à nos changeurs ; c'est
dans cette application spéciale que quelques traces de
cette institution sont passées dans le Digeste. Les deux
lois que nous avons en vue appartiennent à Paul. La
première (1) se réfère à un pacte de remise fait par la
majorité des créanciers d'un débiteur insolvable. Comment former cette majorité ? Plusieurs titulaires de la
même créance, dit le jurisconsulte, *unius loco numera-*
buntur, quia unum debitum est, ne doivent compter que
pour un seul créancier parce qu'il ne s'agit que d'une
seule obligation, et, comme exemple, il ajoute : « utputa
« plures sunt rei stipulandi, vel plures argentarii, *quo-*
rum nomina simul facta sunt. » On le voit, *l'expensilatio*
de la même créance sur les registres de deux argentarii
est placée sur la même ligne qu'une stipulation de même
nature ; l'une et l'autre sont présentées au même titre
comme sources certaines d'un rapport de corréalité.

La seconde loi (2) parle de *duo rei credendi* par
stipulation dont l'un a fait un compromis, et elle assi-
mile à ceux-ci deux argentarii dont les titres sont con-
cordants « ... idem in duobus argentariis, quorum no-

---

(1) L. 9, princip., *De pactis* (2-14).
(2) L. 34, princip., *De receptis, qui arbitr. recep.* (4-8).

« mina simul eunt, » c'est-à-dire sur les registres desquels une seule et même créance a été inscrite à la charge d'un tiers.

Il faut généraliser le principe qu'on applique ici aux argentarii, et l'étendre pour une époque plus reculée à tous les Romains, car il dérive, même pour les argentarii, uniquement de la nature du contrat littéral; il est tout à fait indépendant de l'industrie particulière à laquelle ils se livraient, et encore plus d'un rapport de société qui pouvait exister entre eux. Cette observation préviendra une confusion dans laquelle sont tombés beaucoup d'interprètes. Une maison de banque, *argentaria*, peut appartenir à une seule personne, mais elle peut aussi appartenir à plusieurs qui ont réuni leurs capitaux pour spéculer sur une plus large échelle. Quand un tiers se mettait en rapport d'affaires avec cette banque, et la constituait sa débitrice sur son propre registre par *expensilatio*, il était désirable, pour la sûreté du crédit, vu l'importance commerciale des sociétés *argentariæ*, qu'on lui facilitât le plus possible l'exercice de l'action. C'est pourquoi la coutume fit admettre comme règle que celui qui traitait, à l'occasion de l'*argentaria*, avec l'un des associés, pourrait poursuivre *in solidum* soit celui-là, soit un autre. Nous avons l'application de cette idée dans le *Traité de rhétorique* adressé à Herennius (1) par un auteur que l'on croit généralement être Cicéron : « Id « quod argentario tuleris expensum, a socio ejus recte « repetere possis. » La même question pouvait se pré-

---

(1) *Ad Herennium*, ii, 13.

senter en sens inverse, dans le cas où c'était la banque qui avait porté une *expensilatio* sur son registre et le produisait en justice. L'équité voulait qu'on ne lui refusât pas alors le bénéfice que nous venons de voir introduit contre elle, et l'on avait décidé que le tiers débiteur de l'*argentaria* pouvait être poursuivi *in solidum* par l'un quelconque des associés. Il en résultait un rapport analogue à l'obligation corréale, sauf que ce rapport avait lieu ici, indépendamment de la volonté des parties, et que le tiers qui peut poursuivre ou être poursuivi *in solidum* va se trouver en présence d'un associé dont il ignorait peut-être l'existence au moment du contrat. En résumé, ces règles faisaient partie du droit commercial des Romains; elles étaient tout à fait étrangères à la théorie générale de la corréalité.

Reste un des contrats les plus fréquents et les plus importants du droit, le *mutuum*. Faut-il l'ajouter aux autres sources? Cette question nous entraîne dans une matière où les controverses sont vives et les dissidences profondes, surtout en ce qui concerne le temps des jurisconsultes. Tandis que des interprètes prétendent que, dans le prêt, la formation initiale d'un rapport de corréalité n'était pas alors possible, mais qu'il fallait toujours une stipulation pour le faire naître; d'autres soutiennent que ce rapport pouvait prendre naissance à la suite d'un simple pacte, par conséquent sans stipulation, accessoirement à la tradition et à la prise de possession de l'argent.

M. de Savigny, dans le Droit des obligations, défend cette dernière opinion, à laquelle M. Demangeat, dans son Commentaire du titre : *De duobus reis*, a prêté aussi l'autorité de son savoir. La raison de douter, c'est que le prêt ne tire pas, comme la stipulation, sa force obligatoire d'une forme positive et déterminée de manifestation de volonté, mais de l'acte naturel dont l'essence consiste dans la dation et l'acquisition de la propriété, acte qui, en lui-même, ne produit pas l'obligation corréale de plusieurs débiteurs; car la propriété de l'argent ne peut toujours arriver qu'à un seul individu pour le tout, ou à plusieurs, chacun pour sa part (1). Mais la raison de décider, c'est que, dès le temps des jurisconsultes, on s'était graduellement relâché, dans la stipulation, de la stricte rigueur du formalisme primitif, qu'une interprétation favorable lui avait donné une certaine latitude dans les formes avec tendance à faire prévaloir l'intention des parties sur les exigences d'un rite sacramentel, qu'une semblable latitude avait été étendue au prêt, que l'efficacité propre et indépendante des pactes ajoutés à ce contrat est consacrée par cette décision d'Ulpien : « Omnia, « quæ inseri stipulationibus possunt, eadem possunt « etiam numerationi pecuniæ (2), » et qu'enfin il est hors de doute que le rapport de corréalité ne fît partie des clauses *quæ inseri stipulationibus possunt.*

On oppose les principes généraux, on réplique avec ce fragment bien connu de Paul : « Si tibi decem dem, et « paciscar ut viginti mihi debeantur, non nascitur obli- « gatio ultra decem (3); » on dit que le pacte même ajouté *in continenti* n'a pas la force d'augmenter l'obli-

---

(1) Von Savigny, *Das obligationenrecht*, § 17.
(2) L. 7, *De reb. cred.* (12-1).
(3) L. 17, princip., *De Pactis* (2-14).

gation de l'emprunteur. Sans doute l'obligation du *mu-tuum* étant formée *re*, elle ne peut pas dépasser le montant de la somme effectivement livrée, comme le dit très-bien Paul pour motiver sa décision : « Re non potest « obligatio contrahi nisi quatenus datum sit. » Mais précisément le pacte que nous supposons n'apa s pour objet de faire sortir l'obligation des limites juridiques que lui assigne la prestation réelle du prêteur; ce dernier a donné 10, et il ne réclame rien au delà de 10. Le pacte de corréalité en lui-même et par sa propre nature, abstraction faite du recours qui peut compéter aux *correi* dans leurs rapports entre eux, ne constitue pas une aggravation pure et simple de l'obligation, il crée plutôt un dénouement aléatoire; peut-être Primus sera-t-il contraint de payer 10 au lieu de 5, mais peut-être aussi n'aura-t-il rien à débourser. Rappelons-nous aussi que l'on avait fini par limiter au prêt d'argent, comme l'atteste un rescrit de l'empereur Philippe, le principe formulé par le jurisconsulte Paul : « Oleo quidem, « contient ce rescrit, vel quibuscumque fructibus mutuo « datis, incerti pretii ratio additamenta usurarum ejus- « dem materiæ suasit admitti (1). » Enfin un fragment du même Paul fournit à l'opinion que nous soutenons un argument qui semble sans réplique pour quiconque s'en tient aux faits nettement précisés par le jurisconsulte et ne prétend pas les compléter par d'hypothétiques assimilations. C'est la loi 71, *De Fidejussoribus* (2) : « Gra- « nius Antoninus pro Julio Pollione et Julio Rufo pecu-

---

(1) L. 23, C., *De Usuris* (4-32).
(2) Dig. (46-1).

« niam mutuam accipientibus, ita ut duo rei ejusdem
« debiti fuerint, apud Aurelium Palmam mandator
« exstitit. » Certes, le sens naturel du texte, c'est qu'il a
été convenu, au moment où J. Pollio et J. Rufus tou-
chaient les deniers prêtés par Aurelius Palma, qu'ils se
constituaient envers lui *duo rei ejusdem dediti*. Nos
adversaires veulent que, dans l'espèce, on ait eu recours
à une stipulation, seul mode, disent-ils, de faire surgir
du prêt un engagement corréal, et tel est l'avis de Ribbentrop, un des juristes les plus autorisés de l'Allemagne? (1)
Mais sur quoi vient se fonder cette assertion? Sans doute
on sait qu'il entrait dans les habitudes romaines de
confirmer par stipulation, comme pour lui donner une
consécration nouvelle, l'obligation déjà née *ex mutui
datione*; nous avons des textes nombreux en ce sens, et
en particulier une constitution des empereurs Dioclétien
et Maximien, qui suppose précisément une stipulation
intervenant à la suite d'un *mutuum* pour faire naître le
rapport de corréalité. « *Lorsqu'une somme*, disent les
Empereurs, *ayant été prêtée à une personne, d'autres, à
cette occasion, se sont portées* rei promittendi; *le droit ne
permet pas que, suivant le désir de celles-ci, on les tienne
quittes de l'obligation, sous prétexte que l'argent ne leur
a pas été compté* (2). » A cela nous répondrons que ce
rescrit est sans autorité dans la controverse, car il est
d'une époque pour laquelle, comme nous allons le voir
dans un instant, on ne saurait douter qu'un simple pacte
suffisait pour établir une obligation corréale à la charge

---

(1) Ribbentrop, § 111.
(2) L. 4, C., *De duobus reis* (8-40).

des emprunteurs. Mais, même en admettant qu'il se
réfère aux habitudes anciennes, on lui ôterait toute autorité par ce raisonnement bien simple : S'il suppose
que les parties ont eu recours à une stipulation, c'est
que, dans le cas spécial qu'il prévoit, il s'agissait d'établir une obligation corréale à la charge de personnes
qui n'avaient point participé au premier contrat, le prêt
n'ayant été fait qu'à un seul, *propter mutuam uni datam
pecuniam.* Si au contraire tous ceux qu'on se proposait
d'obliger *correaliter* avaient été parties au *mutuum*, un
simple pacte aurait suffi. — En tout cas la discussion
n'est plus possible pour ce qui concerne le droit de Justinien et même le droit de la fin du IIIᵉ siècle, où l'opinion
que nous partageons est manifestement admise, comme
cela ressort clairement de trois constitutions de Dioclétien, dans lesquelles le prêt par lui-même, le contrat
réel et la stipulation figurent à côté l'un de l'autre comme
sources également certaines d'une obligation corréale (1).

Avant de clore ce chapitre, nous devons examiner si,
à la suite d'un délit commis par plusieurs, il ne pourra
pas naître de la *condictio furtiva* donnée contre les codélinquants un rapport de corréalité. Les commissaires
de Justinien ont inséré dans le Code une constitution,
sous le nom des empereurs Dioclétien et Maximien,
dont voici le texte (2) : « Præses provinciæ sciens.... con-
« dictionis nummorum furtim subactorum electionem
« esse, ac tum demum, si ab uno satisfactum erit, cæte-
« ros liberari, jure proferre sententiam curabit. » La

---

(1) L. 8, 9, 12, C., *Si certum pet.* (4-2).
(2) L. 1, C., *De condict. furt.* (4-8).

condictio furtiva, action purement *rei persecutoria,* a les mêmes caractères que les actions qui dérivent de contrats; on pourrait dire d'elles qu'elle naît quasi *ex contractu,* et les empereurs, dans le texte précité, posent comme règle certaine que chacun des codélinquants en est tenu *in solidum.* Nous croyons donc qu'il peut y avoir là des cas d'obligation corréale. Aussi nous pensons que les dernières lignes du texte qui nous occupe ont été retouchées par le compilateur; les empereurs disaient, à n'en pas douter, que la simple poursuite dirigée contre l'un des codélinquants éteignait l'action contre les autres; l'interpolation se manifeste par cette phrase, *ac tum demum si ab uno satisfactum erit cæteros liberari,* insérée ici pour mettre le rescrit en harmonie avec la constitution Justinienne, de l'an 531, frappant d'abrogation les anciens effets extinctifs de la *litis contestatio.*

CHAPITRE III.

CAS VÉRITABLES ET CAS APOCRYPHES DE CORRÉALITÉ; CORRÉALITÉ ET SIMPLE SOLIDARITÉ.

Si nous nous en tenons au sens littéral d'une loi, restée célèbre, du jurisconsulte Papinien, nous n'aurions pas épuisé, au chapitre précédent, l'étude des causes de la corréalité; loin de là, des sources inexplorées jailliraient maintenant de toutes parts, et nous ne saurions où, ni comment chercher refuge dans le cercle étrangement rétréci de nos investigations. Voici le texte:

« Eamdem rem apud duos pariter deposui, utriusque
« fidem in solidum secutus; vel eamdem rem duobus si-
« militer commodavi : fuint duo rei promittendi ; *quia*
« *non tantum verbis stipulationis, sed et cæteris con-*
« *tractibus, veluti emptione venditione, locatione con-*
« *ductione, deposito, commodato, testamento.* Utputa si,
« pluribus heredibus institutis, testator dixit : Titius et
« Mævius Sempronio decem dato. » (1). Il serait puéril
de se le dissimuler, nous avons à combattre contre une
loi qui paraît formelle, et l'on nous accuserait sans doute
de témérité, simple étudiant que nous sommes, si nous
entreprenions, réduit à nos faibles forces, cette lutte
d'interprétation ; aussi devons-nous tout de suite nous
abriter derrière l'autorité des professeurs éminents que
nous prenons pour guides, et dont nous allons mettre à
profit, comme nous l'avons fait bien des fois déjà dans
le cours de cette thèse, la vaste érudition et la pénétrante
sagacité. Et d'abord cette obligation corréale, que Papinien semblerait faire résulter de sources si diverses,
présentera-t-elle toujours et absolument les mêmes caractères, quel que soit le fait qui lui a donné naissance.
Déjà des romanistes anciens, et, à leur tête Cujas et Do-
neau, avaient paru douter de la parfaite exactitude que
présentait l'assimilation de tous les cas ; mais c'est surtout dans les travaux de Ribbentrop (2) que nous trouvons
le développement de cette idée et le judicieux discerne-
ment de ces rapports. Marchant sur les traces de Cujas,
et profitant de l'avantage que lui donnaient sur ce der-

---

(1) L. 9, princip , *De duobus reis.*
(2) *Lehre von den Correal-Obligationem,* Gœttingue, 1831.

nier les lumières nouvelles, fruits des progrès de la science, il se mit à distinguer l'identité et la solidarité des obligations : « identitat und solidaritat der obliga-« tionen.» Ces principes, adoptés par M. de Savigny, qui distingua, dans le droit des obligations (1), les cas véritables et les cas improprement dits de corréalité, furent mis dans tout leur jour et présentés d'une manière complète par M. Demangeat, sous l'appellation différente de corréalité pour les premiers, et solidarité pour les seconds. Au fond, l'idée est toujours la même. Sans doute, ces rapports ont, comme ressemblance entre eux, certaines conséquences isolées, certaines applications pratiques, ainsi le créancier, dans tous les cas, peut librement choisir celui des débiteurs qu'il veut poursuivre *in solidum*, et si l'un d'eux a payé, volontairement ou par force, tous les autres sont libérés ; mais ils diffèrent dans leur essence. De la véritable corréalité, et d'elle seule, on peut dire que, malgré la pluralité des sujets, il y a unité d'obligation. Au contraire, en matière de simple solidarité, nous ne trouvons plus cette absorption des différents liens dans l'identité de l'obligation, il y a autant d'obligations distinctes que de personnes obligées, sauf que le créancier ne peut se faire payer qu'une seule fois, parce que le fait du payement a complétement satisfait son droit, et que cette satisfaction était la condition de toutes les obligations, de sorte que maintenant elles n'auraient plus d'objet. Mais cette distinction même, quel en est le principe? C'est là le point infini-

(1) *Das obligationenrecht*, § 20.

ment délicat de la matière, là que les interprètes sont
en complet discord, et ces controverses ardentes ne sont
que trop justifiées souvent par l'antinomie des textes, à
l'état d'interpolation où ils nous sont parvenus. « La
première condition, dit M. Demangeat, pour qu'il y ait
obligation corréale, c'est que l'action, qui pourra être
employée par le créancier, soit une *condictio* : lorsqu'il
y aura lieu seulement à une action *bonæ fidei* ou à une
action *in factum*, la solidarité sera bien possible, mais
non la véritable corréalité. » Cette idée fondamentale,
nous l'admettons aussi comme notre *criterium* ; mais
comment alors concilier avec elle le témoignage si écla-
tant de Papinien, dans la loi précitée ? Nous croyons que
Papinien, dans ce fragment, s'est placé sur le terrain
pratique, qu'il a voulu simplement indiquer que le
dépôt, par exemple, contrat de bonne foi, peut donner
lieu à des rapports qui, dans l'application, se confondront
presque avec les rapports qui naissent des contrats de
droit strict, que deux dépositaires peuvent se trouver
dans une position analogue à celle de *duo rei promittendi*, puisque chacun d'eux pourra être poursuivi, non-
seulement pour une quote-part, mais pour le tout, et
que le payement fait par l'un libérera l'autre. Et la
preuve que là s'arrêtent les analogies résulte manifestement de la L. 1, § 43, *Depositi*, qui est une des bases
de notre argumentation : « Non electione, sed solutione
« liberantur, » y dit formellement Ulpien, en parlant de
deux dépositaires. Au contraire, s'agit-il de *duo rei promittendi*, nous avons vu Javolenus proclamer en passant,
et sans s'arrêter à un principe aussi incontestable en
droit, que la simple *litis contestatio* avec l'un, libère

l'autre, « *petitione*, accceptilatione unius tota solvitur
« obligatio. » Il faut d'autant plus soigneusement distinguer si les codébiteurs sont tenus d'une *condictio* ou
si, au contraire. ils sont tenus d'une action *bonæ fidei*
ou *in factum*, que la différence que nous venons d'an-
noncer, n'est pas la seule; loin de là, l'étude compara-
tive des deux rapports présente de l'intérêt à bien d'autres
points de vue, que l'on peut grouper et ramener à quatre
principaux :

1° Au point de vue du *bénéfice de division;*

2° Au point de vue de l'effet de la *litis contestatio;*

3° Au point de vue du bénéfice *cedendarum actionum;*

4° Au point de vue de la *culpa in committendo*, imputable à l'un des codébiteurs.

Avant d'entrer dans le détail et la justification de ces
différences, examinons si des objections ne peuvent pas
être faites contre le principe sur lequel nous nous ap-
puyons. Nous avons dit que, quand un vol a été commis
par plusieurs, l'acte de chaque individu est considéré
comme indépendant, sans rapport avec les autres agents,
en ce sens qu'ils sont tous tenus *in solidum* de la *condictio furtiva* (1), action ayant pour objet l'indemnité;
or, d'après un texte cité à la fin du chapitre précédent,
leur obligation survit à la *litis contestatio* intervenue

---

(1) Le même principe est encore plus rigoureusement appliqué dans les
actions ayant pour objet la peine, actions pénales bilatérales, puisque cette
peine, comme nous l'avons déjà dit, est due autant de fois qu'il y a d'agents
du délit, sauf les règles spéciales aux délits contre le fisc. L. 46, § 6, *De jure
fisci.*

avec l'un des obligés. Voilà donc un cas où les codébiteurs, bien que tenus d'une *condictio*, ne seront libérés que *ac tum demum si ab uno satisfactum fuerit*. Mais, nul doute, comme nous l'avons déjà expliqué, que ce texte ait subi le même sort, entre les mains de Tribonien et de ses collègues, que ceux qui sont relatifs à la *litis contestatio*. Ou bien même encore, on pourrait soutenir qu'ici, comme dans d'autres cas, on avait *odio furum* dérogé aux principes généraux.

Une seconde objection paraîtra plus grave. Un fidéjusseur peut accéder à une obligation *bonæ fidei;* or, il est bien certain que, dans l'ancien droit, une fois la *litis contestatio* intervenue avec l'un des obligés, soit avec le débiteur principal tenu d'une action *bonæ fidei*, soit avec le fidéjusseur, l'autre est libéré. Pourquoi donc n'en serait-il pas de même quand il s'agit de deux codébiteurs solidaires tenus d'une action de bonne foi? Cela peut s'expliquer historiquement. La création du rapport de corréalité par stipulation (et peut-être par contrat littéral) était sans doute seule pratiquée à une époque reculée; cette forme impliquait une stricte unité d'obligation, et delà, comme conséquence, la consommation du droit d'agir contre les autres débiteurs, une fois les poursuites intentées contre l'un d'eux : l'*adpromissio* de ces temps cadrait bien avec ces principes; le *sponsor* ou *fidepromissor*, s'obligeant *verbis* et ne pouvant accéder qu'à une obligation verbale, garantissaient l'exécution de l'engagement dans des termes consacrés qui rappelaient aussi l'unité d'objet. Plus tard, quand les relations juridiques se multiplièrent dans la société romaine en progrès, on sentit le besoin d'échapper à la restriction des anciens principes, et une loi Cornélia (sous Cornélius Sylla, an de Rome 673), réconnut comme troisième classe d'*adpromissores,* les fidéjusseurs, qui purent s'adjoindre à toute espèce d'obligations, même *bonæ fidei.* Mais, comme la formule par laquelle ils se liaient était analogue à l'ancienne, *idem fide tua esse jubes,* on ne les distingua pas, quant à l'effet de la *litis contestatio,* des *sponsores* et des *fidepromissores,* auxquels ils survécurent. Ce n'est que sous Justinien qu'on voit se modifier à leur égard la règle primitive; et cependant, bien avant cette époque, on avait admis que des débiteurs tenus d'une action *bonæ fidei* pouvaient s'obliger *in solidum.* Mais comme alors on sentait le besoin de plus de stabilité dans les droits, que les créanciers avaient à envier des sûretés moins périssables, que d'ailleurs on était plus enchaîné par la rigueur des formules, on fut porté à admettre pour ces débiteurs le principe : *Non electione unius, sed solutione liberantur.* Des textes nombreux, nous les étudierons tout à l'heure, viennent à l'appui de l'opinion que nous défendons et témoignent que c'est seulement quand le créancier aura été satisfait, que les débiteurs liés en vertu d'un contrat de bonne foi seront libérés. Quoi qu'il en soit, cette vérité, qu'à défaut de textes, des inductions puissantes mettraient déjà hors de doute, a échappé à la plupart des auteurs qui ont écrit sur la matière, et qui prennent à la lettre l'assertion de Papinien. A cet égard, je vais résumer, aussi clairement que possible, le système que la grande autorité de M. de Savigny a accrédité en Allemagne :

« Quand un délit est commis par plusieurs individus à la fois, chacun est obligé de payer toute l'indemnité (action pénale unilatérale). Tous les faits qui ont trait à la procédure, la consommation, le serment, le jugement d'absolution, ne produisent dans les actions pénales unilatérales aucun effet au regard des autres débiteurs. Mais quand l'un d'eux a payé, les autres sont par là même libérés, parce que le fait du payement a complètement anéanti l'idée de dommage qui était la condition de cette obligation. En principe, les obligations naissant de la vente, du louage, du commodat, du dépôt, etc., quand plusieurs personnes y figurent d'un seul côté, n'atteignent chacune de ces personnes que pour sa part; mais une obligation corréale peut y être spécialement insérée, et cette insertion pouvait même se faire par un simple pacte. Les cas véritables de corréalité, ceux dans lesquels elle est stipulée, ne peuvent faire l'objet d'aucune difficulté; mais les cas improprement dits, ceux dans lesquels elle n'est pas stipulée, exigent un examen attentif. Le rapport de droit repose alors, non pas comme dans les premiers cas, simplement sur une convention, mais sur un fait ou une omission du débiteur, intervenue postérieurement. Par exemple, quand on donne une chose à garder à deux personnes, sans convention de corréalité, et qu'elle est frauduleusement détournée par toutes deux, chacune d'elles est obligée *in solidum;* mais, quand l'une a payé, l'autre est libérée, parce que l'idée du dommage causé, par conséquent la condition de fait de l'indemnité, a disparu. Si l'une d'elles a seule commis la soustraction, elle est seule obligée; par conséquent si, par méprise, l'autre est actionnée, et que le juge l'absolve à bon droit, ce fait n'empêche pas l'exercice de l'action contre le coupable. On applique ici les mêmes règles que

celles exposées plus haut pour les actions pénales unilatérales. S'il y avait une obligation corréale, l'exercice
de l'action du contrat contre le non-coupable aurait aussi
consommé l'obligation contre le coupable. Le principe
que chacun des coupables peut être actionné, non pas
seulement pour moitié, mais pour le tout, repose sur le
même motif que dans l'action pénale unilatérale, contre
deux agents du même délit. Car, bien qu'ici on intente
non pas une action pénale, mais une action naissant d'un
contrat, cependant ce n'est pas l'objet direct du contrat
que le créancier poursuit par cette action, c'est la viola-
tion d'un droit commise à l'occasion du contrat, viola-
tion qui, dans ce cas, revêt même complétement la nature d'un délit, et d'un délit entaché de dol. »

On le voit; d'accord avec nous en théorie, M. de
Savigny, distingue aussi des cas de corréalité imparfaite, mais il demande l'application de ces derniers à
une fausse interprétation des textes, et aussi, nous
osons le dire, à une véritable confusion de principes.
Il prétend que la corréalité véritable peut résulter même
d'un contrat de bonne foi, et que tout dépend ici de la
volonté des parties. Son système repose à cet égard sur
deux bases, qui nous paraissent complétement vicieuses :
étudions-les successivement.

1° M. de Savigny, part de cette idée que, quand plusieurs codélinquants sont tenus d'une action pénale
unilatérale, comme il n'y a pas eu convention de corréalité, chacun sera tenu *in solidum*, mais sans que les
poursuites exercées contre l'un opèrent libération à
l'égard de l'autre; il attribue des effets identiques au cas
où plusieurs obligés contractuellement, sans clause de

corréalité, contreviennent à leur obligation. Mais c'est là une doctrine des plus arbitraires. Comme je n'ai besoin en général de poursuivre mon débiteur qu'autant qu'il y a de sa part infraction à la loi privée que nous avons reconnue comme règle de nos rapports juridiques, nous arriverions, dans l'opinion que nous combattons, à dire que toutes les actions ont pour principe un fait délictueux ou au moins quasi délictueux, et alors comment trouver la grande place que les jurisconsultes de Rome, se plaçant à un point de vue moins absolu et moins exclusif, et discernant le délit de la contravention à une obligation, ont si formellement réservée aux actions naissant *ex contractu* ? Et remarquez les conséquences bizarres où nous sommes conduits ! Deux dépositaires se sont obligés avec pacte de corréalité ; la chose déposée périt par leur dol, ce ne serait plus alors cette action pénale unilatérale qui existerait contre eux, et la poursuite exercée contre l'un procurerait à l'autre sa libération.

2° Suivant M. de Savigny, les textes qui proclament la libération des débiteurs *non electione, sed perceptione*, tous ces textes se réfèrent au cas où il n'y a eu entre les parties aucune convention spéciale touchant la solidarité. Mais on sait que c'est un des mérites des jurisconsultes de construire leurs hypothèses de manière à n'omettre aucun des faits où résiderait le motif de leurs décisions, et les textes auxquels nous faisons allusion sont conçus dans les termes les plus généraux ; ce n'est plus faire œuvre d'interprète que de restreindre arbitrairement leur portée.

Chacun de ces fragments, au contraire, est un témoignage nouveau en faveur du système que nous adoptons, et dont la justification va s'achever par l'examen de différences partiques existant entre le cas où les personnes qui peuvent être poursuivies *in solidum* sont tenues d'une *condictio* et le cas où elles sont tenues d'une action *in factum* ou *bonæ fidei*. En effet, à mesure que nous ferons surgir un intérêt à cette distinction, selon nous, capitale, nous ferons brèche à la doctrine qui consiste à la méconnaître en sacrifiant les arguments les plus puissants au matérialisme d'une formule.

Ier point de vue (bénéfice de division). — Quand il y a corréalité parfaite, le débiteur poursuivi *in solidum* ne peut invoquer aucun bénéfice de division, puisque un des caractères principaux de l'exception à laquelle il s'est soumis, consiste précisément dans le droit pour le créancier de le traiter comme s'il était seul obligé. Il en a été certainement ainsi jusqu'à Justinien, nous espérons même démontrer que la Novelle 99 n'a pas modifié ce point de droit. Au contraire, on ne peut *a priori* refuser le même bénéfice à tous les débiteurs solidaires; loin de là, nous allons voir qu'on corrigea à l'égard de plusieurs les rigueurs de l'*ipsum jus*, et qu'on les admit équitablement à participer, *exemplo fidejussorum*, à la faveur introduite par le rescrit d'Adrien. Ainsi, en ce qui concerne les *mandatores pecuniæ credendæ*, accédant, eux aussi, à une obligation principale, cette idée est proclamée incidemment dans un texte de Papinien, qui mérite une étude attentive.

« Si fidejussores, qui rem salvam fore pupillo cave- « rant, tutorem adolescens ut ante conveniret petierant, « atque ideo stipulanti promiserunt se reddituros quod ab

« eo servari non potuisset : placuit inter eos qui solvendo
« essent actionem residui dividi, quod onus fidejussorem
« susceptum videretur. Nam et si mandato plurium pecu-
« nia credatur, æque dividitur actio : si enim quod da-
« tum pro alio solvitur, cur species actionis æquitatem
« divisionis excludit ? » (1) Papinien suppose connu
ce principe que le bénéfice de division ne peut être
invoqué par les personnes qui ont cautionné l'obligation d'un tuteur; le même Papinien nous en donne
la raison, « ..... Quia pupillus non ipse contraxit,
« et ignorat omnia..., ne ex una tutelæ causa plures
« ac variæ quæstiones apud diversos judices cons-
« tituerentur. » (2) Ceci posé, Primus et Secundus,
se portant fidéjusseurs d'un tuteur, ont promis au
pupille que ses intérêts seraient sauvegardés. Profitant
de cette garantie à la fin de la tutelle, l'ex-pupille se
dispose à les actionner, quand ces derniers, pour échapper au moins momentanément aux poursuites qui les
menacent, lui donnent mandat de s'attaquer d'abord au
tuteur, en s'engageant, s'il n'obtenait pas satisfaction
entière, à combler le déficit. L'ex-pupille va, en effet,
discuter le tuteur, mais n'étant pas payé intégralement,
il revient contre les fidéjusseurs, Ceux-ci ont-ils maintenant le bénéfice de division? Papinien le leur accorde,
quod onus fidejussorum susceptum videretur, parce qu'ils
sont devenus maintenant fidéjusseurs de droit commun.
C'est ainsi du moins que nous expliquons ce membre de
phrase : en effet, comme conséquence de l'arrangement

---

(1) L. 7, *De fidej. et nominat.* (27-7).
(2) L. 12, *Rem. pup. vel adolesc. salv. fore* (46-6).

intervenu avec l'ex-pupille, il y a eu *novatio post pubertatem facta*, et Primus et Secundus *de fidejussores tutoris* qu'ils étaient auparavant, se sont transformés en fidéjusseurs ordinaires, c'est désormais une espèce de *fidejussio indemnitatis*. Selon Cujas et Pothier, Papinien voudrait dire par là que l'ex-pupille aurait assumé la charge qui pesait sur les deux fidéjusseurs, charge qui n'était autre que la poursuite à exercer contre le tuteur. Ces dissidences de détail importent peu, aucun doute n'est possible sur la décision elle-même. A l'appui de cette décision, le jurisconsulte invoque ce qui a lieu au cas de plusieurs *mandatores pecuniæ credendæ*, et c'est par là que la loi se rattache à l'objet de nos recherches. Si entre ces *mandatores*, l'équité fait admettre le bénéfice de division, pourquoi ne pas l'admettre ici quand il s'agit de deux personnes qui ont donné mandat, non, il est vrai, de prêter de l'argent, mais d'exercer une poursuite dont l'effet va être de faire perdre au créancier le droit qu'il avait primitivement contre elles-mêmes. Dira-t-on que cette différence de faveur serait justifiée par la différence de l'action (les fidéjusseurs étant tenus d'une *condictio*)? Mais on ne peut sous ce seul prétexte exclure les uns d'un bénéfice accordé aux autres.

Des termes employés par Papinien, nous devons conclure que le rescrit d'Adrien ne conférait pas explicitement le bénéfice de division aux *mandatores pecuniæ credendæ*, qu'ils ne le durent qu'à l'interprétation favorable des Prudents. Une constitution de Justinien aurait pu à cet égard nous induire en erreur, en voici le texte : « Divi Hadriani epistolam, dit l'empereur, quæ de pe- « riculo dividendo inter mandatores et fidejussores

« loquitur, locum habere in his etiam qui pecunias pro
« aliis simul constituunt necessarium est. Æquitatis
« enim ratio diversas species actionis excludere nullo
« modo debet. » (1) Les personnes qui font le pacte de
constitut pour la dette d'un tiers étaient aussi dignes de
faveur que les *mandatores pecuniæ credendæ*, et on a lieu
de s'étonner que les jurisconsultes ne les aient pas comprises dans l'extension apportée au rescrit. Quoi qu'il
en soit, il faut descendre jusqu'à Justinien pour voir
établir à leur égard le bénéfice de division, et l'empereur,
coïncidence remarquable, invoque en le leur accordant les
mêmes motifs qu'invoquait, dans la loi 7, le jurisconsulte
Papinien, dont il reproduit les expressions. (2)

La situation juridique des débiteurs solidaires que
nous avons vu jusqu'à présent participer au bénéfice de
division était analogue à celle des fidéjusseurs, en ce
sens qu'ils accédaient les uns et les autres à une obligation principale, mais on aurait tort de croire que là s'é-
taient arrêtées les innovations équitables de la jurisprudence. Ainsi Ulpien nous enseigne que ce bénéfice appartenait aussi aux cotuteurs qui ont administré
en commun : « Si quidem omnes simul gesserunt tutelam,
« et omnes solvendo sunt, æquissimum erit dividi actio-
« nem inter eos pro portionibus virilibus, exemplo fide-
« jussorum. Sed, et si non omnes solvendo sint, inter
« eos qui solvendo sunt dividitur actio; sed, prout quis-

---

(1) L. 3, C., *De constit. pec.* (4-18).
(2) Il est permis de conjecturer que le rédacteur de la *Constitution Justinienne* avait sous les yeux le texte même de Papinien qui vient d'être
expliqué.

« que solvendo est, poterunt conveniri. (1) » Papinien applique la même règle à des tuteurs qui, l'administration n'ayant pas été divisée entre eux, se sont tous rendus coupables de la même faute en laissant en souffrance les intérêts pupillaires. (2)

A côté de ce bénéfice de division, les cotuteurs jouissaient encore, sous certaines conditions, d'un bénéfice de discussion. Pour cela, il faut supposer qu'ils n'avaient point pris part à l'administration dont leurs collègues avaient assumé le fardeau, et que l'action de tutelle a pour principe la mauvaise gestion de ces deniers et non une négligence imputable à tous. (3)

Enfin les magistrats municipaux avaient obtenu des adoucissements identiques à la rigueur de la solidarité. Tout ce que nous venons de dire des tuteurs leur est applicable, avec cette seule observation, qu'entre deux magistrats collègues le bénéfice de division semble apparaître dans un texte de Paul, comme chose plus naturelle encore qu'entre deux tuteurs, (4)

On opéra plus largement. Marcellus, dans un texte qui a acquis en notre matière plus de célébrité que tout autre ne se montre pas très-éloigné d'accorder le bénéfice de division à tous les débiteurs solidaires tenus d'une action de bonne foi : « Cum apparebit emptorem con-« ductoremve, pluribus vendentem vel locantem, singulo-« rum in solidum intuitum personam : ita demum ad præs-

---

(1) L. 1, §§ 11 et 12, *De tutelæ et ration* (27-3).
(2) L. 38, pr., et § 1, *De admin. et peric. tut.* (26-7).
(3) L. 39, § 11, *De admin. et peric. tut.* (26-7).
(4) L. 45, *De admin. et peric. tut.* (26-7).

« tationem partis singuli sunt compellendi si constabit
« esse omnes solvendo; quamquam fortasse justius sit,
« etiamsi solvendo omnes erunt, electionem conveniendi
« quem velit non auferendam actori, si actiones suas
« adversus cæteros præstare non recuset. » (1) Le jurisconsulte suppose, à titre d'exemple, la vente et le
louage, mais, la brèche une fois faite au principe, il faut
généraliser et étendre la même décision, et par les mêmes
motifs, à tous autres contrats de bonne foi, dépôt, commodat, etc., que Papinien d'ailleurs met formellement sur
la même ligne. Or quelle est la pensée de Marcellus? Il
nous montre qu'on avait fini par contester au créancier
la faculté de poursuivre son droit en entier par une seule
action dirigée contre l'un des codébiteurs solidaires
arbitrairement choisi, sous ce prétexte que ceux-ci ne
pouvaient être contraints qu'à la prestation d'une partie,
si la solvabilité des autres était constante. Ne reconnaît-
on pas là le bénéfice de division? Et ce bénéfice, Marcellus ne le repousse pas d'une manière bien positive, il
se borne à dire qu'il serait peut-être plus juridique,
quamquam fortasse justius sit, de ne pas enlever au
créancier le privilége de n'exercer qu'une action.

Il ne faut pas confondre le bénéfice de division avec
un autre avantage, dont le principe est tout différent,
mais dont les résultats, pour les débiteurs, pourront être
identiques. Primus poursuit à la fois, devant le même
juge, deux personnes tenues *in solidum* envers lui d'une
somme de 100. Or, quand par une sentence unique,

---

(1) L. 47, *Locati* (19-2).

plusieurs individus sont condamnés à payer une somme
en commun, les choses se passent comme en matière de
contrats : l'obligation ne porte sur chacun d'eux que
pour sa part, sans que les autres en soient garants. Le
créancier Primus ne pourra donc, dans notre espèce,
obtenir de chacun, par l'*actio judicati*, que 50. Pour
échapper à ce morcellement de son droit, le créancier
n'a qu'à ne pas poursuivre les deux débiteurs à la fois.
Du reste, le juge a aussi le pouvoir, comme le lui reconn-
naît formellement une constitution de l'empereur
Alexandre (1), d'obliger chacun des débiteurs à répondre de l'insolvabilité des autres, et même d'aller
plus loin encore en les engageant solidairement. Aussi
nous pouvons dire, avec M. de Savigny (2), que la décision judiciaire est la source d'un véritable rapport de
solidarité.

Nous arrivons maintenant à la Novelle 99, dont nous
avons annoncé l'étude, et qu'une interprétation longtemps en crédit faisait rattacher directement à l'objet
actuel de nos recherches sur le bénéfice de division. Aucune loi de Justinien n'a été, ce nous semble, l'objet de
plus vives controverses depuis l'époque des glossateurs.
Le désaccord roule bien moins sur la décision proprement dite de la loi elle-même, que sur l'espèce à laquelle
s'applique cette décision. En tête se trouve une préface
qui contient un renvoi à une loi qui n'est autre chose,
de l'avis de tous les interprètes, que la Novelle 4, pro-

---

(1) C., L. 1, *Si plures una sentent. condemn. sunt* (7-55).
(2) *Das Obligationenrecht*, p. 18.

mulguée en l'an 535. Cette Novelle, antérieure de quatre
ans à celle qui nous occupe, avait accordé le bénéfice de
discussion au fidéjusseur; nous trouvons par conséquent dans cette observation l'indication importante,
que le contenu de la loi dont il est ici question doit nécessairement être en relation intime avec la loi précédente. La Novelle prévoit deux cas distincts; relativement au premier, elle ne contient qu'une disposition
très-brève : « Si quis enim accipiat aliquos qui mutua
« fidejussione se obligent : si quidem non addiderit de-
« bere etiam singulos in solidum teneri, omnes ex æquo
« conveniantur. » Voici maintenant le second : « Sin
« autem etiam tale quid aditum sit, pactum quidem ser-
« vetur; non tamen statim ab initio solidum a singulis
« exigatur, sed interim pro parte qua quisque tenetur, ille
« vero etiam reliquos conveniat, si quidem et solvendo et
« præsentes sint. Et si hoc ita se habere appareat, si qui-
« dem locupletes et præsentes sint, solvere illis necesse
« sit (cuilibet pro sua parte) quod mutua fidejussione
« creditum eis est, ex quo omnino obligati sunt, nec
« commune debitum proprium alicujus onus fiat. Sin
« vero reliqui, sive omnes, sive aliqui, sive pro parte,
« sive in solidum, non idonei appareant, vel etiam ab-
« sentes forlasse sint, in illud quoque teneantur quod a
« reliquis accipi non potuit. Sic enim et eis pacti ratio
« servabitur, nec ullum actor damnum sentiet. Ac licet
« illi, ignorante eo qui obligatos eos habet, pactum ali-
« quod inter se fecerint, tamen unusquisque tenebitur
« sicut ab initio scripsit, nec licentiam habebit, artibus,
« dolis aut transactionibus, pacta violandi. »
Nous nous sommes abstenus de tout commentaire en

citant le texte, afin de n'en pas préjuger le sens, avant d'avoir exposé les systèmes les plus considérables par l'autorité de leurs partisans qui se soient produits sans avoir abouti toutefois à fixer la doctrine au milieu de cette foule d'opinions diverses rencontrant tour à tour des défenseurs et des adversaires :

I. Ce sont les cautions qui sont l'objet de la loi. Jusqu'alors cette classe d'obligés était toujours tenue *in solidum* et protégée seulement par le bénéfice de division. Justinien, à l'exemple de ce que la loi *Furia de sponsu* avait édicté anciennement pour les *sponsores* et les *fidepromissores*, déclare qu'à l'avenir les cautions ne répondront plus que divisément du payement de la dette, à moins d'une convention expresse de garantie solidaire. Cette opinion n'est pas conforme au texte de la loi, qui n'aurait d'ailleurs, s'il en était ainsi, que des analogies bien lointaines avec la Novelle 4.

II. Ce second système, presque universellement admis par les interprètes anciens, est encore défendu par la majorité des auteurs, et à leur tête par Gluck (1), par Ribbentrop (2) et par Puchta (3). D'après eux, la Novelle s'appliquerait au cas où des débiteurs sont tenus *correaliter* ou solidairement. Justinien aurait achevé de saper l'ancienne théorie des obligations corréales, en introduisant (4), pour ces cas, un bénéfice analogue au *bene-*

---

(1) *Gluck*, t. 4, p. 526, 527.
(2) *Ribbentrop*, p. 116.
(3) *Puchta, Pandekten*, § 235, et *Vorlesungen*, § 235, 236.
(4) C'est là le motif qui nous a fait parler précisément en cet endroit de la Novelle 99.

ficium divisionis, qui n'existait, dans les termes du rescrit d'Adrien, qu'en faveur des cofdéjusseurs. Les expressions de l'empereur, quand il suppose que le créancier μὴ προσθείη τὸ δεῖν καὶ ἕνα τούτων εἰς ὁλόκληρον ἐνέχεσθαι se référeraient au cas où il n'y aurait eu aucune convention de corréalité, εἰ δὲ καὶ τι τοιοῦτο προσατεθείη, au cas contraire. Mais on fait remarquer avec raison qu'on fait ainsi abstraction complète du renvoi à la Novelle 4; que Justinien, alors qu'il veut opérer des transformations aussi radicales dans le droit, n'a pas coutume de laisser dans l'ombre leur importance, qu'enfin c'est abuser étrangement du sens des mots ἀλληλεγγύως· ὑπεύθυναι que de les appliquer à de simples *correi promittendi*.

III. Les débiteurs corréaux ou plus généralement les obligés *in solidum* qui forment l'objet de la loi sont ceux qui, tout en faisant une convention de solidarité, se sont en même temps portés réciproquement fidéjusseurs l'un pour l'autre, hypothèse déjà prévue par Papinien dans la loi XI, *de Duobus reis*, ou Digeste, et reproduite par Justinien dans la seconde hypothèse de la Novelle, la première supposant, en sens inverse, que les parties n'ont rien dit de la garantie solidaire pour la dette principale. Mais, quand le créancier a exigé cette garantie, il se trouve que même la personne joue à la fois le rôle de débiteur solidaire et de fidéjusseur, et c'est le cumul de ces deux situations juridiques qu'il s'agissait de réglementer. Papinien autorisait le créancier à invoquer à son gré l'une ou l'autre des deux qualités, Justinien, lui, tout en sauvegardant les droits du créancier, cherche une combinaison équitable des principes de la fidéjussion et des principes de la solidarité. D'une part, le créancier atteint son

but dans toute la rigueur du droit : car il obtient pleine
et entière satisfaction par une seule action, et en choi-
sissant librement le défendeur qu'il veut ; d'autre part, le
défendeur acquiert l'avantage de faire participer au
payement ses codébiteurs, en invoquant jusqu'à un
certain point les bénéfices accordés aux fidéjusseurs
et en réclamant l'application à son profit du système de
la Novelle 4, puisque, sur sa demande, le juge doit appeler devant lui ceux des autres débiteurs qui sont
présents et solvables, et les condamner tous de manière
qu'ils doivent à eux tous désintéresser le créancier.

Ce système, que nous adoptons pleinement, a pour lui
une très-ancienne autorité ; Julien, dans un abrégé des
Novelles (1), composé quelques années seulement après
la promulgation de la loi qui nous occupe, lui reconnaît
expressément ce sens. En vain, M. de Vangerow (2) objecte que cette explication mène à un résultat qui paraît
bizarre, à attribuer au droit du créancier envers qui les
débiteurs sont liés à double titre, moins d'efficacité que
s'ils étaient liés simplement au seul titre de débiteurs
correaux, sans cautionnement. Mais, nous l'avons déjà
dit, le droit du créancier ne souffre aucune atteinte ; et,
d'ailleurs, ce qui est une réponse plus péremptoire,
serait-ce chose si étrange que de considérer l'insertion
de la fidéjussion réciproque à côté de la clause de solidarité comme l'expression d'un tempérament apporté
dans l'intention des parties aux effets rigoureux de cette

---

(1) Juliani, *Epit. Nov. Const.* 93, cap. 348.
(2) *De Vangerow*, t. III, p. 87.

solidarité (1). Ce serait une erreur en droit que d'ériger en principe que celui qui s'est engagé doublement doit toujours et dans tous les cas être lié plus étroitement que celui qui n'a à sa charge qu'une obligation unique. Et, s'il s'agissait d'apprécier la Novelle 99, nous ne pourrions rien objecter contre la justice et l'équité de sa décision.

2ᵉ *Point de vue* (*effet de la* litis contestatio). — Un principe très-important, qui remonte à une haute antiquité dans la législation romaine, à ces temps barbares où il semble que les institutions juridiques ne soient encore autre chose que la représentation fictive des réalités grossières de l'époque antérieure, c'était la perte, pour le créancier, du droit d'agir, son action ayant été une fois introduite, et cela, quel qu'en eût été le résultat.

En pleine vigueur sous l'empire des Actions de la Loi (2), cette consommation résultant de la procédure se perpétua sous le système formulaire, et laissa de grands vestiges dans le droit, c'était un des effets les plus importants attachés à la *litis contestatio*. Le droit, déduit *in judicium*, n'était pas toujours éteint *ipso jure*, il fallait distinguer à cet égard, comme nous le montrent les Instituts de Gaïus, qui nous ont donné des renseignements explicites, entre le *judicium legitimum* et le *judicium imperio continens*, les actions *in personam* et les actions *in rem*, les formules conçues *in jus* et les formules conçues *in factum*. Ces principes exerçaient

---

(1) V. M. Demangeat, Commentaire de la L. ii, *De Duobus reis*.
(2) Gaius, C. iv, § 108.

l'influence la plus marquée sur le rapport de corréalité, dont le caractère essentiel, nous l'avons vu, était précisément de renfermer non pas des obligations distinctes, figurant l'une à côté de l'autre, mais une seule et même obligation. Ce rapport entraînait cette conséquence nécessaire que l'action introduite par l'un des *rei stipulandi* rendait impossible, même pour les autres, l'exercice ultérieur d'une nouvelle action. De même, quand le créancier commun poursuivait l'un des *rei promittendi*, son droit se trouvait consommé sans retour, il ne pouvait plus désormais revenir sur son option, et s'en prendre aux autres *rei*, quand même celui qu'il a choisi se trouverait insolvable. Des textes nombreux consacrent ces principes, nous pouvons encore mentionner comme formels à cet égard la loi 5, *in fine*, *De fidejussoribus*, pour les *rei stipulandi*, et pour les *rei promittendi*, un texte de Paul, tiré de son Commentaire sur la célèbre loi Julia et Papia, la loi 29, *De liberatione legata*.

Nous avons à démontrer maintenant que c'est là un des caractères distinctifs de la corréalité véritable, qu'en cas de simple solidarité, c'est-à-dire quand le créancier est investi non d'une *condictio*, mais d'une action de bonne foi ou *in factum*, il faut appliquer des règles toutes différentes. Nous possédons plusieurs fragments de jurisconsultes qui ne laissent, ce nous semble, aucun doute sur ce point. Il faut placer en première ligne un texte fondamental d'Ulpien, que nous connaissons déjà et sur lequel nous aurons encore à revenir pour en étudier la dernière disposition, alors que nous rechercherons l'influence que peut avoir sur l'obligation corréale ou solidaire la *culpa in committendo* de l'un des débi-

teurs. En voici le commencement : « Si apud duos sit
« deposita res adversus unum quemque eorum agi po-
« terit; *nec liberabitur alter, si cum altero agatur : non*
« *enim electione, sed solutione, liberantur* (1)... » Je ne
sais s'il serait possible de rencontrer, en quelque matière
que ce soit, une décision plus précise; à elle seule
elle suffirait pour jeter sur la distinction que nous avons
proposée une lumière qui exclut toute controverse et
tout tempérament. En effet, où trouver dans cette assertion si générale la moindre trace, l'apparence même de
ce pacte spécial que les parties auraient eu soin d'insérer pour écarter les dangereuses conséquences de la
corréalité parfaite? M. de Savigny invoque la liberté
illimitée qui était laissée aux parties à cet égard; mais,
sans contester ce point, nous dirons que cette liberté
avait besoin de se traduire par une manifestation de volonté dans ce sens, et le jurisconsulte n'eût pas alors
omis un fait dont l'importance dominerait sa décision.
Mais je vais plus loin, un texte de Paul met à néant
cette conjecture, c'est la loi 59, par. 3, *Mandati* : « Pau-
« lus respondit unum ex mandatoribus eligi posse,
etiam si non sit concessum in mandato (2). » Le mandataire n'a pas besoin de réserver dans le contrat le droit
d'*eligere in solidum* l'un de plusieurs mandants, cela va
de soi, conformément au principe que l'on doit sous-
entendre dans les contrats de bonne foi tout ce qui paraît rentrer dans l'intention des parties. Les choses se

(1) L. 1, p. 43, *Depositi.*
(2) La fin du texte consacre un principe déjà étudié sur la nature de *l'actio
judicati.*

passent exactement demême, quand les codébiteurs sont tenus d'une action *in factum*. Sur ce point important, je me bornerai à renvoyer à la décision déjà citée pour le cas où un objet est tombé d'un appartement occupé en commun par deux personnes, LL. 1, § 10, 2, 3 et 4. *De his qui effud. vel dejec.*,—et à la loi 7, p. 4, *quod falso tutore auctore*, où le jurisconsulte Ulpien suppose que des individus ont usurpé la qualité de tuteurs pour se porter mensongèrement *auctores* et tromper celui qui contractait avec le pupille : « Si plures sint qui auctores fuerunt, « *perceptione ab uno facta, et cæteri liberantur, non* « *electione.* » — « Et ideo, ajoute Paul dans la L. 8, si « nihil aut non totum servatum sit, in reliquos non « denegandum, in id quod deest, Sabinus scribit. »

Il nous reste à nous demander comment agit la *litis contestatio* dans une série d'actions qui, indépendamment de l'action ordinaire résultant de l'obligation (1), peuvent être intentées contre une autre personne, considérée comme le véritable débiteur. Deux de ces actions ont trait à des rapports commerciaux, dans lesquels le débiteur fait les affaires d'autrui; les autres supposent la dépendance de ce débiteur, placé sous la puissance domestique d'un père ou d'un maître. Ces actions dites *adjectitiæ qualitatis* sont les suivantes :

Actio exercitoria et institoria;

---

(1) Cette idée émise par nous, que, dans les cas de cette espèce, le créancier peut d'abord poursuivre le débiteur proprement dit, doit s'entendre dans le droit romain avec cette restriction générale que le débiteur principal ne se trouvait pas être un esclave, car un esclave ne pouvait pas être actionné; il ne pouvait figurer comme débiteur que dans une obligation dépourvue d'action.

Actio de peculio, de in rem verso, quod jussu, tribu-toria.

Ainsi, par exemple, un homme libre a été préposé en qualité de *magister navis* ou d'*institor*, et il se livre à des négociations dans les limites de ses pouvoirs, le tiers créancier a véritablement deux débiteurs dans la personne du préposant tenu de l'*actio exercitoria* ou *institoria* et dans celle du préposé tenu de l'action directe. Nous pourrions même compliquer l'hypothèse et supposer que le *magister* où l'*institor* a été préposé par plusieurs personnes à la fois. Ulpien (1) donne alors au tiers créancier action, toujours *in solidum*, soit contre le préposé, soit contre l'un quelconque des préposants. Eh bien! dans tous ces cas, les jurisconsultes romains admettaient que tout le monde était libéré dès qu'il y avait eu *litis contestatio*. C'était la conséquence néces-saire de ce que dans ces actions données contre plu-sieurs, en faisant toujours valoir le même fait comme principe de l'obligation, l'*intentio* était exactement con-çue dans les mêmes termes, quelle que soit la personne actionnée, point que Keller (2) met parfaitement en lu-mière en présentant, d'après les conjectures les plus plausibles, la formule d'une action *de peculio*. Quoi qu'il en soit, nous avions donc ici quelque chose de tout à fait analogue à la corréalité proprement dite.

Cette consommation du droit déduit *in judicium*, déjà grave pour le rapport de corréalité, dont le bénéfice pour le créancier pouvait ainsi se trouver complètement annihilô, présentait un danger extrême dans le cas du rapport de cautionnement. On comprend donc sans peine combien devait être gênante dans la pratique cette institution surannée; on cherchait à se protéger contre son iniquité par des moyens artificiels que Justinien rendit désormais superflus, en promulguant sa célèbre constitution, loi 28, au Code, *De Fidejussoribus*, dans laquelle il décide que l'action intentée contre un débiteur ne pourra jamais empêcher le créancier d'intenter ensuite la même action contre la caution, ou même contre un autre *reus promittendi*, l'exécution effective seule devant éteindre le droit du créancier. Cette loi fit grande brèche à l'antique théorie sur la *consummatio litis* par la suppression de son principe éminemment positif, si bien que cette théorie nous serait quasi inconnue dans son ensemble sans la découverte des textes précieux de Gaïus. Cependant, il était presque impossible qu'on ne vît pas figurer dans le Digeste certaines dispositions, vestiges de l'ancien droit, passées dans ce recueil par mégarde; comme aussi on devait s'attendre à des interpolations dans le sens du droit nouveau, et sur ce point aussi elles sont loin de faire défaut. Nous nous bornerons à renvoyer à une constitution de l'empereur Sévère, où la maladroite correction du compilateur se révèle d'elle-même à la loi 26. *De Fidej. tut.* (5-57).

La Constitution de l'an 531 est formelle à l'égard des *rei promittendi*, déclarant qu'à l'avenir la poursuite exercée contre l'un n'altérera pas le droit du créancier contre l'autre. Il n'est pas possible de conserver un doute sur ce changement important et décisif, comme véritable expression du droit de Justinien. Mais une question délicate et diversement résolue est celle de savoir si c'est uniquement pour le rapport de corréalité passive que l'extinction par la *litis contestatio* est supprimée, et si elle n'existe pas encore pour le rapport actif dans le dernier état de la législation romaine. Pour l'affirmative, on argumente *a contrario* de la L. 28; on ajoute que l'ancien droit ne présentait, pour ce cas, aucun des inconvénients signalés plus haut, qu'il était même rationnel, car le débiteur, une fois qu'il a été actionné par l'un des créanciers, doit se considérer comme ne devant plus avoir affaire qu'à lui, vérité que les rédacteurs du Code Napoléon ont reconnue et consacrée par l'art. 1198. Tel est l'avis de Puchta (1). A cela on oppose la désuétude des anciens principes sur la *consummatio litis*, désuétude que Justinien n'a fait que confirmer par sa Constitution, où il se contente de se référer au cas le plus important (2).

Pour nous, nous nous rangerions volontiers à la première opinion, car il n'est pas rare en droit de voir un effet survivre à sa cause; ensuite, nous trouvons au Digeste plusieurs textes (notamment L. L. 2 et 16, *De duobus reis*, L. 5, *in fine*, *De Fidejus.*), qui maintiennent l'extinction de l'obligation corréale, dès qu'il y a eu *lis contestata* de la part d'un des créanciers, tandis que nous savons comment les compilateurs ont torturé les textes relatifs à l'effet des poursuites exercées contre l'un des débiteurs.

---

(1) Puchta. *Pandeckten*, § 238.
(2) Voir en ce sens MM. De Savigny, *Das Obligationenrecht*, § 10, de Vangerow, *Lehrbuch der Pandeckten*, § 573.

3ᵉ *Point de vue* (*bénéfice* cedendarum actionum). — Posons ici ce principe que nous aurons à justifier plus tard, à savoir que l'un de plusieurs débiteurs tenus *in solidum*, ayant payé le tout, et mis fin, par cette prestation, à l'obligation commune, ne peut ensuite exiger que ses codébiteurs l'indemnisent chacun pour sa part. Mais la jurisprudence romaine viendra ici, comme en tant d'autres points, remédier à l'iniquité de cette rigueur civile. Elle admettra au profit du codébiteur qui a payé la totalité de la dette le bénéfice *cedendarum actionum*, basé sur cette ingénieuse fiction : la somme payée ne doit pas être en entier imputée sur l'obligation de manière à l'éteindre complétement; moitié seulement, si par exemple il y a deux *rei*, est imputée sur cette obligation et l'autre moitié sera censée le prix de la vente de l'obligation qui subsiste en partie. C'est ainsi que les textes expliquent comment la créance n'est pas éteinte, quoique le créancier en reçoive le montant : « Non enim « in solutum accipit; sed quodammodo nomen debitoris « vendidit (1). »

Voyons maintenant ce bénéfice s'appliquer d'abord au cas d'obligation solidaire, ensuite au cas d'obligation corréale.

Cette théorie ne nous est pas complétement inconnue; déjà nous avons eu l'occasion de citer un fragment où le jurisconsulte Marcellus (2) suppose plusieurs coacheteurs ou plusieurs colocataires tenus *in solidum;* après avoir proposé d'étendre le bénéfice de division à ces co-

---

(1) Dig., *De fidejus.* Paulus, lib. iv, *ad Plantium.*
(2) Dig., L. 46, *Locati.*

débiteurs solidaires si leur solvabilité n'est pas douteuse, il ajoute ces expressions bien remarquables : « Quam- « quam fortasse justius sit, etiamsi solvendo omnes « erunt, electionem conveniendi quem velit non aufe- « rendam actori, *si actiones suas adversus cœteros præs-* « *tare non recuset.* » Cette cession, Marcellus la pro- clame juridique, *justa,* fondée en droit. Elle échappe donc, à ce titre, à la volonté purement discrétionnaire du créancier et acquiert le caractère d'acte obligatoire, puisque le créancier, qui la refuserait, manquerait à la bonne foi et méconnaîtrait en même temps une préten- tion légitime.

La décision de Marcellus ne doit pas être restreinte à des coacheteurs et à des colocataires; il faut, au con- traire, la généraliser et l'étendre à tous autres débiteurs tenus solidairement d'une action de bonne foi ou d'une action *in factum.* Nous devons même remarquer que c'est surtout à propos des tuteurs que les jurisconsultes ont posé les règles de la cession qui nous occupe.

Mais d'abord, de quelle utilité peut être cette cession aux débiteurs solidaires qui, par une faveur spéciale, avaient été admis au bénéfice de division? Est-ce que leur intérêt le plus élémentaire ne leur commande pas de s'en tenir tout simplement à cette dernière combi- naison qui les dispense de faire une avance peut-être considérable, et qui, en tous cas, les met *a priori* dans une situation juridique exactement semblable à celle qui résulterait pour eux, *a posteriori,* du bénéfice *cedenda- rum actionum?* Pour faire tomber cette objection, il suffit de faire apparaître un avantage. Eh bien ! en voici deux également certains :

1° Quand il s'agit de débiteurs solidaires qui accèdent à une obligation principale, le bénéfice *cedendarum actionum* peut leur être fort utile, en ce sens qu'il leur permet de se prévaloir contre le débiteur principal en déconfiture des gages ou hypothèques qui garantissaient le droit du créancier, et de rentrer peut-être ainsi dans la totalité de leurs avances, tandis que, à défaut de ces gages ou hypothèques, le bénéfice de division n'aurait pu les prémunir contre la perte assurée de leurs déboursés, l'insolvabilité du principal obligé rendant tout recours illusoire.

2° Il ne peut être question du bénéfice de division pour un débiteur qu'autant que la solvabilité de ses codébiteurs est constante. Or, le débiteur poursuivi *in solidum*, parce que la solvabilité des autres est douteuse, sera heureux d'être investi des actions du créancier pour pouvoir, dans un temps plus favorable, demander à ses codébiteurs le payement de leur part dans la dette.

Qu'arriverait-il si le créancier qui poursuit pour la totalité de la dette l'un des débiteurs solidaires s'était mis hors d'état de lui faire cession efficace, comme, par exemple, s'il avait consenti un pacte de *non petendo* à l'autre débiteur? Le créancier ayant manqué à la bonne foi, en rendant impossible le recours du débiteur contre son codébiteur, supportera la peine de sa faute et ne pourra plus désormais obtenir du débiteur actionné que la portion pour laquelle ce dernier n'avait pas de recours à espérer. Ce point est mis hors de doute par plusieurs fragments des jurisconsultes romains : « Si pupil- « lus alterum ex tutoribus post pubertatem liberasset, » dit Paul, « improbe alterum illius nomine conabitur in-

« terpellare. Idemque dicemus in duobus magistratibus
« collegis, quorum alterum Respublica convenit. (1) »
Papinien applique les mêmes principes au cas de *mandatum pecuniæ credendæ* : « Si creditor a debitore culpa
« sua causa ceciderit : prope est ut actione mandati ni-
« hil a mandatore consequi debeat, cum ipsius vitio ac-
« ciderit ne mandatori possit actionibus cedere (2). »
Prenons une idée de l'espèce contenue dans ce dernier
texte. Sur le mandat de Titius, j'ai prêté 100 à Sempronius; j'intente maintenant contre ce dernier la *condictio
certi*, mais j'encours une déchéance vis-à-vis de lui,
parce que, par exemple, il y a eu de ma part plus-pétition.
Comme, d'après les principes romains, le juge n'avait
pas ici le droit de distinguer s'il y avait une partie
de vrai à côté de la prétention fausse, puisque la condition qui lui était posée par la formule pour la sentence à
rendre était indivisible, la conséquence forcée a été l'absolution du défendeur. Pourrai-je maintenant me faire
rembourser par le *mandator?* Non, je ne puis absolument rien lui demander, car c'est à moi à m'imputer
de m'être mis dans l'impossibilité de lui céder mes actions.

On pourrait rappeler ici, sous forme d'objection, ce
principe de l'ancien droit des Quirites, d'après lequel
une créance ne peut pas être directement transportée de
la personne juridique du créancier à une autre; que, malgré la cession, le droit continue toujours d'appartenir
au créancier originaire. Comment donc faire pour opé-

---

(1) L. 45, *De admin. et peric. tut.* (26-7).
(2) D. 95, § 11, *De solut.* (46-3).

rer le transport du droit d'action de l'ayant-droit primitif au nouveau titulaire? On arrivera à ce résultat par un
de ces ingénieux subterfuges dont les jurisprudents
avaient le secret, et à la faveur desquels le droit échap-
pait sans cesse à la rigueur des principes, qui finis-
saient par n'avoir plus qu'une existence nominale. La
cession que le débiteur solidaire peut exiger du créancier
qui le poursuit se réalisera au moyen d'un mandat : le
débiteur va être constitué par le créancier *cognitor* ou
procurator in rem suam, ainsi nommé parce qu'il devait
retenir pour lui le gain du procès, tandis que le *procurator* ordinaire était obligé de le restituer. Comme le droit
qui fait l'objet de l'action est attaché exclusivement à la
personne même du créancier, le nom, et le nom seul de
ce créancier peut figurer dans l'*intentio* de la formule
qui contient l'énonciation du droit. Le cessionnaire
agissait donc *alieno nomine*, mais le transport devenait
parfait par la *litis contestatio*, la *condemnatio* contenant
le nom du cessionnaire. Il y avait donc lieu à une opération juridique complexe; ce point nous était déjà révélé
par la paraphrase de Théophile, qu'est venu confirmer le
manuscrit de Gaius (1). Cette marche d'ailleurs était in-
variablement la même sans distinguer si la cession devait résulter d'une libre détermination au moment où on
la demandait, ou si elle était déjà devenue nécessaire en
vertu d'une opération antérieure; si, par conséquent,
dans le cas du refus, elle pouvait être obtenue, malgré le
créancier, soit par une action, soit par une exception.

---

(1) Gaius, *Comment.* iv, §§ 83 et suiv.

Seulement, au cas de cession volontaire, le créancier pouvait mettre le cessionnaire absolument en son lieu et place; ici, il ne pourra pas l'investir de son droit d'agir *in solidum* contre les codébiteurs, car c'est d'un sentiment d'équité que procède le bénéfice *cedendarum actionum*, et son origine comme son but seraient méconnus, si, entre personnes dont la position est la même, l'une était forcée de faire à l'autre une avance pour le compte d'une troisième, uniquement par suite de cette circonstance toute fortuite qu'elle n'aurait pas été actionnée la première. Tout va se résoudre, au contraire, selon les règles de la justice, si la portée de la cession est restreinte et l'action primitive du créancier divisée entre les mains du cessionnaire, de façon à ce qu'il ne puisse demander à chacun de ses codébiteurs que sa part dans la dette. D'après ces règles, la perte résultant de l'insolvabilité doit retomber sur le cessionnaire et les autres codébiteurs solvables pour parts égales. L'exactitude de cette décision n'a pas besoin d'être confirmée.

Papinien indique une autre restriction qui doit être apportée au principe de la cession. L'*actio tutelæ directa* est privilégiée *inter personales actiones*, mais elle perd cette prérogative du moment qu'elle cesse d'appartenir à l'ex-pupille, l'héritier même de l'ex-pupille ne pourrait l'invoquer, *a fortiori* le tuteur qui, ayant été condamné *in solidum*, se prévaut maintenant du bénéfice *cedendarum actionum* à l'encontre de ses anciens collègues; en effet, dit le jurisconsulte, ce n'est pas la créance elle-même qu'on favorise, c'est plutôt la personne qui a paru digne de secours « ..... Nec enim causæ, sed per-

« sonæ, succurritur, quæ meruit præcipuum favorem.(1) »

Même après la *litis contestatio* et la sentence, le débiteur est encore à temps pour exiger la cession; car,
nous le savons, c'est seulement le payement effectif reçu
par le créancier qui met fin à l'obligation solidaire :
« Non tantum ante condemnationem, » dit Ulpien, « sed
« etiam post condemnationem, desiderare tutor potest
« mandari sibi actiones adversus contutorem pro quo
« condemnatus est (2). » Faut-il aller plus loin et dire
qu'après le payement le débiteur solidaire peut encore
réclamer du créancier qu'il a désintéressé la cession de
ses actions? Il faut, sans hésiter, répondre affirmativement, lorsqu'il s'agit d'obligations provenant chacune
d'un contrat distinct et indépendant, et ayant par suite
chacune leur existence à part. Nous avons en ce sens un
texte formel du jurisconsulte Papinien, c'est la loi 95,
§ 10, *De solutionibus*. Deux cas sont prévus et mis sur la
même ligne : un homme ayant fait un prêt sur le mandat d'un tiers a été remboursé par le *mandator*, ou bien
un tuteur tenu envers le pupille pour n'avoir pas poursuivi le débiteur de celui-ci, a payé le montant de la
créance pupillaire. Dans l'une et dans l'autre hypothèse,
il y a deux classes d'obligations principales, tellement
distinctes que même le payement de l'une n'éteint pas
l'autre; et d'ailleurs, rien de plus juridique, car celui qui
paye, paye en son propre nom, pour se libérer de sa
propre obligation, et pas le moins du monde en l'acquit
d'un tiers. « ..... Propter mandatum enim suum solvit,

---

(1) L. 42, *De admin. et peric. tut.* (26-7).
(2) L. 1, § 18, *De tutelæ et ration.* (27-3).

« et suo nomine, » dit très-bien le même Papinien dans un autre texte où il s'occupe spécialement du *mandator* (1). En conséquence, le *mandator* ou le tuteur peuvent, même après avoir désintéressé le préteur ou le pupille, se faire céder par eux leurs actions qui continuent toujours de subsister, et qui, impuissantes désormais entre leurs mains, puisqu'ils ne peuvent se faire payer deux fois, vont devenir efficaces entre les mains des cessionnaires pour faire rentrer leurs déboursés.

Si ce résultat tient précisément à ce qu'il n'y a pas véritable solidarité entre le *mandator* et l'emprunteur, pas plus qu'entre le tuteur et le débiteur du pupille, mais engagements tout à fait indépendants, c'est assez dire que, dans le cas de véritables débiteurs solidaires, il ne peut plus être question, après le payement effectué sans réserve, du bénéfice *cedendarum actionum*. Telle est la disposition d'un fragment de Modestin, ainsi conçu : « Modestinus respondit : Si, post solutum sine « ullo pacto omne quod ex causa tutelæ debeatur, ac- « tiones post aliquod intervallum cessæ sint : nihil ea « cessione actum, cum nulla actio superfuerit. Quod si « ante solutionem hoc factum est; vel, cum convenisset « ut mandarentur actiones, tum solutio facta esset, « mandatum subsecutum est ; salvas esse mandatas ac- « tiones, cum novissimo quoque casu pretium magis « mandatarum actionum solutum, quam actio quæ fuit, « perempta videatur (2). » Ainsi le débiteur solidaire ne peut être constitué *procurator* après avoir payé qu'au-

---

(1) L. 17, § 1, *Mandati.*
(2) L. 76, *De soluti* (46-1).

tant qu'il a été convenu, à l'époque et comme condition du payement, *ut mandarentur actiones.* Nous n'insisterons pas longtemps sur cette interprétation, la seule manifestement admissible. Nous devons cependant dire que Dumoulin a imaginé de donner au texte une autre signification pour le mettre en harmonie avec sa doctrine prétendue romaine de la subrogation de plein droit du débiteur solidaire qui paye toute la dette dans les actions du créancier. Un autre texte vient donner encore un démenti tout aussi formel à cette théorie ; c'est une Constitution de Sévère et Antonin : « Si pro contutore « judicato pecuniam solvisti, nullum judicium tibi con- « tra pupillum competit ut delegetur tibi adversus libe- « ratum actio. Quod si nomen emisti, in rem tuam pro- « curator datus, heredes judicati poteris convenire (1). » Ce fragment, qui reproduit d'ailleurs la décision de Modestin, va nous permettre de bien préciser l'hypothèse prévue par le jurisconsulte d'abord et ensuite par les empereurs. Dans les deux lois il n'est fait aucune allusion à des poursuites exercées contre celui qui paye, et même dans la seconde cette hypothèse est expressément écartée, puisque des deux tuteurs un seul a été poursuivi, et c'est l'autre qui a payé. Ceci nous conduit à nous demander s'il n'y a pas quelque chose de spécial au cas où celui qui a payé ne l'a fait que sur les poursuites exercées contre lui par le créancier. A ce sujet, nous avons un texte, tiré du Commentaire d'Ulpien sur l'Edit, qui se recommande à toute notre attention : « Et

(1) L. 1, C., *De contr. jud. tut.* (8-58).

« si forte quis ex facto alterius tutoris condemnatus præ-
« stiterit, vel ex communi gestu, nec ei mandatæ sunt
« actiones, constitutum est a Divo Pio, et ab Imperatore
« nostro et Divo patre ejus, utilem actionem tutori ad-
« versus contutorem dandam (1). » Un rescrit de l'empereur Antonin Caracalla, s'appliquant à la même hypothèse, donne une décision identique (2). Comment donc
entendre cette *utilis actio* accordée au débiteur solidaire
pour assurer son recours? Des auteurs veulent qu'il s'a-
gisse tout simplement d'une extension de l'*actio negotiorum gestorum;* nous aurons plus tard occasion de
réfuter cette opinion en exposant la théorie du recours;
nous nous bornerons maintenant à dire que, si elle était
fondée, les jurisconsultes romains auraient agi bien arbitrairement en refusant la même faveur au débiteur qui
paye spontanément; car, s'il n'est pas contraire aux principes de voir une *negotiorum gestio* dans le premier cas,
y a-t-il une bonne raison pour ne pas se placer au même
point de vue dans le second? Quant à nous, voici quel
nous paraît devoir être le commentaire du principe formulé par Ulpien : Dans l'impossibilité où l'on se trouvait à Rome d'arriver *recta via* à une cession d'actions,
on avait eu recours à l'expédient ci-dessus mentionné.
Mais la mise à exécution de cette formalité juridique,
étendue, compliquée, doublement onéreuse pour le cessionnaire, quand l'adversaire, par entêtement ou indo-
lence, se laissait amener jusqu'à la contrainte par action
ou exception, était une peine stérile pour toutes les par-

---

(1) L. 1, § 13, *De tutelæ et ration.* (27-3).
(2) L. 2, C., *De contr. jud. tut.* (5-58).

ties. Ce devenait un danger quand, dans l'intervalle entre le mandat et la *litis contestatio*, le cédant mourait sans héritiers, car l'opération, dans la forme décrite ci-dessus, avec l'insertion du nom du cédant dans la formule d'action, n'était plus possible. On chercha à éluder ce détour superflu et on y réussit en autorisant celui qui avait des moyens légaux de contrainte pour obtenir la cession à agir directement en son propre nom, comme si cette cession avait réellement eu lieu. L'*utilis actio* donnée par les empereurs n'est donc rien autre chose que l'action du créancier, laquelle a passé au débiteur en vertu d'un transport sous-entendu. Le premier cas où l'on fasse mention de cette innovation dans le droit est le cas d'un achat d'une hérédité. En effet, les inconvénients signalés plus haut se présentaient ici avec plus de gravité, et l'acheteur n'aurait eu d'autre ressource, contre un vendeur entêté, que de le contraindre par une *actio empti* à faire la cession spéciale de chacune de ses actions. Pour lui épargner cette peine inutile, on l'admit à exercer, au moyen d'une *utilis actio*, toutes les créances du défunt. Ce principe important fut sanctionné par un rescrit de l'empereur Antonin le Pieux : « Rescriptum est a Divo « Pio utiles actiones emptori hereditatis dandas (1). » Cette innovation, une fois qu'elle fut législativement consacrée, reçut des extensions successives de la jurisprudence des préteurs et de la théorie des jurisconsultes; elle fut notamment appliquée dans la vente d'une créance isolée, et de même dans le cas où une créance était lé-

---

(1) L. 16, princ. *De pactis* (2-14).
3970   6

guée (1), donnée en payement (2) ou constituée en dot (3), si bien qu'elle est devenue, dans le droit de Justinien, par la fréquence de ses applications, une règle véritablement décisive. Spécialement dans la matière qui nous occupe, son secours fut équitablement accordé au débiteur solidaire qui, actionné par le créancier, a payé sans s'être fait céder expressément les actions de ce dernier. On ne voulut pas, et avec raison, qu'un simple oubli du défendeur lui fût si préjudiciable. Au contraire, celui qui vient spontanément offrir de payer méritait moins de faveur; il a dû réfléchir à l'acte dont il prend l'initiative : c'est sa faute s'il s'est présenté comme voulant éteindre l'action et non se la faire céder.

Mentionnons, pour terminer, une restriction générale à ce droit du débiteur solidaire d'exiger la cession des actions ou d'exercer l'action utile. Si celui qui paye toute la dette avait donné lieu, par son propre dol, même par sa propre faute, aux poursuites du créancier, il ne pourrait nullement prétendre à une faveur qui lui permettrait de rejeter en partie sur son codébiteur le fardeau d'une obligation qu'il a fait naître; et, d'ailleurs, il s'est rendu indigne, par son infidélité, de la sage protection que ce moyen de droit confère dans les autres cas. De même, si un débiteur solidaire a payé sur des poursuites motivées par le dol de tous, il n'aura aucun recours contre les autres, *neque mandandæ sunt actiones, neque utilis competit;* car, comme ajoute élégamment

---

(1) L. 18, C. *De Legatis* (6 37).
(2) L. 8, C., *Quando fiscus* (4-15).
(3) L. 2, C., *De O et A* (4-10).

Ulpien, les méfaits ne peuvent être l'objet d'une société, et il n'y a point de moyen juridique pour répartir la perte entre les délinquants « ... nulla societas maleficiorum « vel communicatio justa damni ex maleficio est (1). »

Nous venons de voir comment s'applique le bénéfice *cedendarum actionum* en matière d'obligations solidaires; mais ce n'est là que la première partie de notre tâche, il faut maintenant la compléter en recherchant comment il s'applique en matière d'obligations corréales. Et d'abord, dans cette seconde hypothèse, y a-t-il lieu au bénéfice? Il dut y avoir, à cet égard, une période assez longue d'indétermination dans le droit, car la matière était plus difficilement accessible à des tempéraments d'équité : quoi qu'il en soit, la jurisprudence romaine était arrivée à ce résultat. On pourrait déjà l'augurer d'un texte de Julien, L. 17, *De Fidejussoribus*, relatif aux cofidéjusseurs, lesquels sont, vis-à-vis du créancier, dans une situation presque identique à celle des *rei promittendi;* mais nous en avons une preuve sans réplique dans le fragment suivant de Papinien : « Rem heredita- « riam pignori oblatam heredes vendiderunt, et evic- « tionis nomine pro partibus hereditariis spoponderunt : « cum alter pignus pro parte sua liberasset, rem creditor « evicit. Quærebatur an uterque heredum conveniri « possit. Idque placebat, propter indivisam pignoris « causam. Nec remedio locus esse videbatur ut per doli « exceptionem actiones ei qui pecuniam creditori dedit « præstarentur : quia non duo rei facti proponerentur.

« Sed familiæ erciscundæ judicium eo nomine utile est :
« nam quid interest, unus ex heredibus in totum libera-
« verit pignus, an vero pro sua duntaxat portione?
« Cum coheredis negligentia damnosa non debet esse
« alteri (1). » Tout l'intérêt de ce texte, relativement à
l'objet de nos recherches, se concentre sur le motif que
le jurisconsulte allègue pour refuser au cohéritier le
bénéfice *cedendarum actionum*. Quel est donc ce motif?
Il est fort remarquable : *Quia non duo rei facti proponerentur*. Certes, où il faut désespérer à jamais de la
force probante d'un argument *a contrario*, où il faut
l'admettre ici comme décisif. C'est ce dernier parti
qu'adopte M. de Savigny (2); il déclare, comme conséquence incontestable du texte, que chaque débiteur
corréal, actionné pour la totalité, est autorisé à exiger la
cession de l'action contre ses codébiteurs; et nous avons
peine à comprendre que cette vérité ait échappé à un
esprit aussi judicieux que M. de Vangerow (3). En
résumé, au point de vue du principe, il y a concordance
entre les obligations solidaires et les obligations corréales. Mais sur les détails, elles se séparent aussitôt.
Nous allons le voir rapidement : ainsi d'abord il résulte
de notre loi 65 que la *doli exceptio* est le moyen juridique, admis en faveur du débiteur corréal actionné pour
la totalité de la dette, de forcer le créancier demandeur
à céder son action contre les codébiteurs. Le dol consiste
ici, non pas en ce que le demandeur cherche à faire un

---

(1) L. 65. *De Evictionibus* (21-2).
(2) *Das Obligationenrecht*, p. 24.
(3) T. III, § 81.

bénéfice injuste, mais en une malignité évidente de sa part, lorsqu'il se refuse à seconder la prétention équitable du défendeur par un acte qui doit ne lui porter à lui-même aucun préjudice. On a réussi à prévenir cet abus du droit strict : car le créancier, devant le préteur, ne résistera plus à la demande du débiteur, pour ne pas succomber, plus tard, devant le juge, sous l'exception de dol. Et même, si les parties, étant encore *in jure*, et avant qu'il n'y ait eu *litis contestatio*, le créancier, sans invoquer de motif plausible, ne se décidait pas à faire la cession; la conséquence pourra être le refus, de la part du préteur, de lui délivrer la formule d'action. Ce moyen de contrainte devait même être seul usité dans l'ancien droit; car la *doli exceptio*, dans l'acception juridique du mot, devait être impraticable; en effet, elle eût été donnée dans la *formula*, par conséquent au moment même où intervenait la *litis contestatio*, qui éteignait les actions contre les *correi*, et dès lors il ne pouvait plus être question d'en effectuer la cession.

C'est déjà là une première différence entre les obligations corréales et les obligations solidaires, où, pour la cession d'actions, on ne nous parle aucunement d'une *exceptio doli mali*. De plus, le débiteur solidaire, même après la *litis contestatio*, est encore à temps pour exiger la cession; au contraire, *lite contestata*, tous les principes s'opposent à ce que le *reus promittendi* soit désormais constitué cessionnaire.

Nous avons vu que le créancier, s'étant mis hors d'état de céder ses actions au débiteur solidaire, peut être contraint de restreindre sa demande à la part que ce dernier devait supporter en définitive; c'est qu'ici les parties étaient liées entre elles par des obligations réciproques auxquelles présidait la bonne foi. Au contraire, c'est un caractère tout particulier et bien remarquable, commun à tous les contrats de strict droit civil, d'où dérive la corréalité, de ne produire obligation que de la part d'une partie. Le créancier, en principe, joue exclusivement le rôle de créancier; et le juge, renfermé dans la décision d'une question de droit rigoureux, n'a à se prononcer absolument que sur l'obligation unilatérale du défendeur. Les textes, d'ailleurs, sont d'accord avec les principes pour montrer que le *reus stipulandi* n'est pas obligé de conserver intacte son action contre les *correi promittendi*, afin de la céder à celui dont il exige le payement total; cela résulte en effet de plusieurs lois insérées au Digeste et se référant à l'hypothèse où le créancier a fait un pacte de *non petendo* avec l'un des cofidéjusseurs (1). Toutefois, si le demandeur avait fait ce pacte dans le but unique de nuire au débiteur, celui-ci pourrait demander l'insertion dans la *condictio* donnée contre lui de l'exception de dol. Le juge alors serait investi d'un pouvoir d'appréciation bien autrement entendu; et si le dol était avéré, l'exception serait justifiée, et l'absolution devrait s'ensuivre. La différence entre les débiteurs solidaires et les débiteurs corréaux est donc, à ce point de vue, encore plus théorique que pratique.

Avait-on admis, au profit du *reus promittendi*, qui a payé sans avoir eu soin de se faire céder les actions du

<hr>

(1) Notamment Julien, L. 16, p. 1, *De Fedejussoribus.*

créancier, une cession feinte et une action utile, comme au profit du débiteur solidaire? Les textes repoussent l'assimilation, deux entre autres sont décisifs, ce sont les lois 39, *De fidejussoribus*, et 62, *princip.*, *ad legem Falcidiam*. Nous nous bornons à les mentionner ici; leur commentaire détaillé trouvera sa place au chapitre du Recours. Malgré ces deux témoignages, M. de Savigny maintient l'existence d'une cession feinte et d'une action utile en matière de corréalité proprement dite; toutefois, et cet aveu est bien remarquable, il ne peut dissimuler son étonnement de trouver dans les sources de droit si peu de décisions sur le recours à exercer dans ces cas (1).

La doctrine de M. de Savigny, erronée en ce qui concerne le temps des jurisconsultes et notamment le temps de Julien, a qui appartient la réponse rapportée dans la loi 62, *ad legem Falcidiam*, devient vraie en se référant au dernier état du droit. Ce progrès dans la législation romaine était accompli au temps des empereurs Dioclétien et Maximien; en vain on argumenterait *a contrario* d'un rescrit de cette époque, la loi 12, au Code, *si certum petatur*, que nous connaissons déjà, ce raisonnement serait sans valeur, car rien ne prouve que l'absence de corréalité soit dans l'espèce le motif dominant de la décision. Ajoutons que nous avons des mêmes empereurs une constitution d'où paraît bien résulter l'existence de l'action utile. C'est encore un rescrit, il est ainsi conçu : « Creditor prohiberi non potest exigere debitum,

---

(1) *Das Obligationenrecht*, § 21.

« cum sint duo rei promittendi ejusdem pecuniæ, a quo
« velit. Et ideo si probaveris te conventum in solidum
« exsolvisse, Rector provinciæ juvare te adversus eum
« cum quo communiter mutuam pecuniam accepisti,
« non cunctabitur (1). » Je sais que ce texte a gêné bien
des interprètes, et qu'il est difficile de dire combien de
subtilités on a dépensé en pure perte pour l'explication
de chacune de ses expressions. On est bien loin même
d'être d'accord sur les faits qui servent de base à ce rescrit, et qui justifient la promesse sur l'activité que le
le consultant est en droit d'attendre du juge. Vinnius,
et dernièrement un romaniste allemand, Habicht (2), se
sont fondés sur le mot *communiter* employé par les empereurs, pour soutenir que dans l'espèce il y avait société
entre les débiteurs ou tout au moins que la somme empruntée avait été dépensée pour une chose commune
entre eux. Mais c'est là décapiter le rescrit et lui enlever
toute portée; les empereurs, avec cette explication, au
lieu de parler en termes généraux, n'auraient eu simplement qu'à mettre leur confiance dans l'action *pro socio*
ou *communi dividundo*, pour promettre au consultant
le secours du juge; en outre, il paraîtrait assez étrange
qu'ils aient pris la peine de répondre aussi sérieusement
à une question aussi peu sérieuse. Pour nous, nous con-
testons l'emploi habituel de l'adverbe *communiter* en
matière de société, nous croyons qu'il n'a ici qu'une signification purement de fait pour exprimer chez les
correi la simultanéité de l'engagement; que les empe-

---

(1) L. 2, C., *De Duobus Reis* (8-40).
(2) *Habicht, Rechtliche Eroerterungen*, § 40-63.

reurs, en faisant espérer l'appui du gouverneur de la province, font allusion à une *utilis actio*, comme l'indique manifestement d'ailleurs le mot *juvare*, expression qui implique toujours une situation telle, qu'au point de vue strict, elle resterait en dehors des règles générales du droit; qu'enfin, cette *utilis actio* dont il s'agit est l'action même du créancier, qui sert maintenant au consultant, en vertu d'une cession feinte, admise désormais même au profit du véritable *reus promittendi*. Et il faut convenir que cette extension du principe n'a rien en elle-même que de très-vraisemblable. Seulement, comme le remarque très-bien M. Demangeat, « les compilateurs de Justinien ont eu grand tort d'insérer au Digeste tant de textes qui distinguent suivant qu'il y avait ou non société entre les *correi*: au fond, la distinction ne peut plus guère présenter d'intérêt, du moment qu'il est admis qu'en l'absence d'une société celui des *correi*, qui est forcé de payer, a une action utile pour exercer son recours (1). »

Quatrième point de vue (perte de la chose par la faute de l'un des débiteurs).— L'objet de l'obligation, soit corréale, soit solidaire, peut être un corps certain; ce corps certain peut périr, et périr par le fait imputable à l'un des débiteurs. Quelle va être la situation, en cette dernière occurence, des autres obligés? En matière d'obligations corréales, « *alterius factum* (2) *alteri quoque*

_____

(1) M. Demangeat, Commentaire du titre *De Duobus Reis*, pag. 266.

(2) Le mot *factum* ne comprend ici que la *culpa in faciendo*; car *l'obligatio verbis* est de celles qui s'interprètent strictement; autrement dit, et à un point de vue plus général, le débiteur contre qui existe une *condictio* n'est tenu que de sa *culpa in faciendo*, et non de sa négligence, comme le prouve cette loi bien connue: « *Qui dari promisit, ad dandum, non ad faciendum, tenetur.* » Paul, L. 91, princ. *De Verb. Oblig.*

nocet, » dit textuellement Pomponius, dans la loi 18 de notre titre. En matière d'obligations solidaires, nous savons qu'il n'y a point unité d'obligation : chacun est tenu d'une obligation distincte ; il en résulte que la faute ou le dol de l'un des débiteurs permettra bien d'agir contre lui, mais non contre l'autre. Ulpien le proclame dans les termes les plus explicites pour le cas de deux dépositaires : « ... Si alter vel nihil, vel minus facere « possit, ad alium pervenietur. Idemque, *et si alter dolo* « *non fecerit et idcirco sit absolutus:* nam ad alium per- « venietur (1). » Cette décision, par les motifs précités, est également vraie toutes les fois qu'il s'agit de codébiteurs simplement tenus *in solidum.*

CHAPITRE IV.

CORRÉALITÉ. — EXTINCTION.

Le mode régulier, pour le débiteur, de se délier, celui en vue duquel l'obligation a été formée, et qui en constitue le but final, c'est l'accomplissement de ce qu'il doit. Mais le payement, bien qu'il soit le mode par excellence de libération, n'est pas le seul. L'obligation peut encore être dissoute par d'autres moyens prenant leur source dans le consentement des parties, ou même par divers évènements en dehors de ce consentement. En principe,

_____

(1) Ulp. L. 1, § 43, *in fine,* Depositi.

l'obligation, lien civil, ne pouvait cesser d'exister que conformément aux règles du droit civil lui-même, mais le droit prétorien et la jurisprudence étaient intervenus et avaient accompli cette révolution équitable en laquelle se résume l'histoire juridique de Rome. A l'ordre inflexible de la puissance publique, les jurisconsultes substituèrent les principes de la raison, du bien et de l'équité, comme dogme constituant du droit; et, dans les cas où l'obligation, suivant la rigueur des règles, continuait de subsister, trouvant injuste que le débiteur fût contraint d'y satisfaire, ils le défendirent contre la demande du créancier par le secours des exceptions. Il faut rapidement fixer l'influence de ces différentes causes d'extinction, soit *ipso jure*, soit *exceptionis ope*, sur le rapport de corréalité. Les faits dont il s'agit peuvent se ramener à trois classes :

La première classe comprend ceux qui, dans tous les cas, comme le payement, font disparaître l'obligation ;

La deuxième classe se composera de ceux dont l'effet extinctif est toujours limité à une personne déterminée ;

Dans la troisième classe nous rangeons ceux qui ont un caractère mixte, dont l'effet est tantôt absolu et tantôt simplement relatif, suivant qu'il y a ou qu'il n'y a pas société entre les *correi* ;

Les équivalents du payement compris dans la première classe sont au nombre de six, savoir :

L'*acceptilatio*,

La *Novatio*,

La *litis contestatio*,

Le *pacte de constitut*,

Le *serment*,

La *chose jugée*.

Reprenons-les successivement.

I. *Acceptilatio*. — L'efficacité extinctive de cette opération ne soulevait de difficulté à aucun point de vue entre les anciens jurisconsultes. Ce payement simulé, *imaginaria solutio*, et simulé par les paroles, *verbis*, n'était applicable qu'aux opérations contractées elles mêmes par ce moyen. Mais si son influence était limitée, ses effets, dans sa sphère, étaient absolus : l'acceptilatio étant faite au débiteur commun par l'un des *correi stipulandi*, ou étant faite par le créancier, commun à l'un des *correi promittendi*, il ne reste plus rien de l'obligation corréale. La consécration de la première proposition se trouverait, s'il en était besoin, dans ce principe incontestable, et cependant propre à étonner, d'après lequel l'*adstipulator* pouvait, lui aussi, *par acceptilatio*, libérer le débiteur. Ajoutons toutefois que, s'il avait agi en fraude du stipulant principal, c'était là un acte déloyal, un délit, qui soumettait son auteur à une action établie par le second chef de la loi Aquilia. (1)

Quand à la seconde proposition, elle est érigée par Ulpien en principe général dans la loi 16, *principium*, *De Acceptilationibus*.

Ces règles paraîtront moins étranges à quiconque se fait une idée non équivoque de l'*acceptilatio*. On aurait tort de la regarder purement et simplement comme une convention de remise, encore plus grand tort de l'assimiler à une donation. Sans doute, elle pouvait avoir

---

(1) Caïus. Lib. III, § 215, 216.

quelquefois cette signification, mais le plus souvent elle laissait sous-entendu un payement véritable. Intervenant ainsi, après la prestation de la chose due, elle jouait en quelque sorte le rôle d'une quittance solennelle.

II. *Novatio.* — Le droit civil avait admis qu'on pouvait dissoudre une obligation en la remplaçant par une nouvelle contractée à sa place. C'était là assurément un résultat bien remarquable, car on va reconnaître à la forme employée pour établir le nouveau lien, la double puissance de créer cette nouvelle obligation et de dissoudre la première. Ajoutons, comme complément à ces principes généraux, que toutes les obligations, qu'elles soient nées d'un contrat ou comme d'un contrat, d'un délit ou comme d'un délit, pouvait être novées : « *Omnes* « *res transire in novationem possunt* » dit laconiquement Ulpien, *de Novationibus et delegationibus.* Voyons maintenant comment la novation s'applique aux obligations corréales. D'abord, en matière de corréalité active, la novation que l'un des *rei stipulandi* fait avec le débiteur commun, éteint aussi la dette pour les autres créanciers. Il en est de même, en matière de corréalité passive, de la novation entre le créancier commun et l'un des *rei promittendi* qui sont obligés envers lui, l'opération libère tous les débiteurs. Nous ne croyons pas que l'exactitude de cette dernière proposition puisse faire l'objet d'un doute, car le créancier, l'unique intéressé dans l'affaire, modifie son droit par une manifestation libre de sa volonté. La première proposition doit, elle aussi, être admise sans hésiter ; Venuleius le décide de la manière la plus formelle dans la loi 31, § 1, *De*

Novationibus, sans doute, elle prête à une objection capable de séduire un esprit équitable — les autres créanciers sont restés en dehors de la modification, et il paraîtrait injuste qu'ils aient à la subir, — mais ce n'est pas là un argument juridique. L'un des créanciers peut éteindre l'obligation corréale en recevant l'objet dû, *payement*, en en déduisant tout le droit en justice, *litis contestatio*, en la tenant pour payée, *acceptilatio* : donc cette obligation est à sa disposition comme s'il était seul créancier, (sauf les droits analogues de ses *correi stipulandi*), donc il peut l'éteindre en faisant novation, avec d'autant plus de raison que la novation est un véritable équivalent du payement, ou si l'on veut pénétrer jusque dans l'intimité de sa nature, puisqu'elle est l'extinction de la créance primitive par la substitution d'une nouvelle créance, elle a absolument le même caractère que *l'in solutum datio.*

III. *Litis contestatio* — Cette matière nous est connue. Nous avons longuement développé l'influence de cette péripétie de la procédure romaine sur le rapport de corréalité, nous n'y reviendrons pas. Une seule question s'offre encore à notre étude : Est-ce là un mode d'extinction *sui generis?* Je suis bien persuadé que les jurisconsultes l'envisageaient ainsi, malgré son rapport intime avec la novation. Gaius en effet, (1) énumérant les différents modes d'extinction des obligations semble bien considérer la *litis contestatio* comme opérant distinctement. Disons toutefois que la majorité des interprètes

---

(1) Gaii, *Instit. Comment.*, iii, § 180.

ne voient là qu'une espèce de *novatio,* qu'ils appellent *novatio necessaria* pour la distinguer de la novation proprement dite.

IV. *Pacte de constitut.* — Une dette existant déjà, soit civile, soit prétorienne ou même purement naturelle, si le débiteur, ou un autre pour lui, promettait sans stipulation ni contrat *litteris,* mais par simple pacte, de payer à jour fixe cette dette préexistante, le préteur considérait cette promesse comme obligatoire et donnait une action prétorienne pour en poursuivre l'exécution. Du reste il n'avait fait qu'imiter ici une institution analogue du droit civil en la généralisant.

Lorsque le constitut était fait par un tiers, il créait une obligation nouvelle et concomittante, qui laissait subsister la première telle quelle; ce tiers se trouvait alors dans une position parfaitement analogue à celle d'un fidéjusseur ou d'un *mandator pecuniæ credendæ :* c'était une autre espèce d'*intercessor* par simple pacte. Lors, au contraire, que c'était le débiteur lui-même qui s'engageait ainsi, nous pensons, contrairement à l'opinion de MM. de Savigny (1) et Ortolan (2) que, suivant l'intention probable des parties, son obligation primitive était éteinte, sinon *ipso jure,* du moins *exceptionis ope* (3), et que l'exercice de la *constitutoria actio* était seul efficace désormais contre lui. D'après ces règles, si nous voulons rechercher quelle était la portée de cette insti-

---

(1) *Das Obligationenrecht,* § 18.

(2) *Explication historique des Instituts,* t. III, § 1615.

(3) Voir en ce sens M. Demangeat, arg. des lois 5, § 2, *De pecunia constitutæ* et 25 princip id. (13-5).

tution du préteur sur le rapport de corréalité, nous la trouverons véritablement grande et décisive. Le principe est exposé d'une manière saisissante par Paul dans un texte qui domine la matière, dans la loi 10, *De pecunia constituta* : le jurisconsulte n'hésite pas à y déclarer que le constitut fait par le débiteur commun avec l'un des *rei stipulandi* équivaut au payement de la dette, et anéantit le droit des autres créanciers. Évidemment, et par les mêmes raisons, dans le cas de *duo rei promittendi*, l'adjonction du même pacte aurait la même efficacité extinctive sur les droits d'actions primitifs. L'insertion du fragment de Paul dans le Digeste témoigne qu'il donne encore le véritable sens du droit de Justinien.

V. *Serment.* — Lorsqu'un homme se présentant comme mon créancier, me défère le serment sur l'existence de cette prétendue dette, et que, moi, je jure que la dette n'existe pas, *dari non oportere*, les jurisconsultes nous disent : « Jusjurandum loco solutionis cedit (1) » « nam quia in locum solutionis succedit. (2) » c'est-à-dire qu'en admettant même que la dette soit vérifiée, mon serment négatif est assimilé à un payement, en ce sens que je ne pourrai plus être condamné.

Voyons maintenant l'application de cette théorie aux obligations corréales.

Si l'un de plusieurs *rei stipulandi* défère le serment au débiteur commun sur l'existence de la dette, et que le débiteur prête le serment *dari non oportere*, l'obligation corréale tout entière est frappée d'impuissance sous

---

(1) L. 27, *De jurejurando* (12 2).
(2) L. 28, § 1, *eod. tit.*

l'*exceptio jurisjurandi* opposable même aux créanciers qui n'ont pas pris part à la délation du serment. « In « duobus reis stipulandi, nous dit Paul, ab altero dela- « tum judicium etiam alteri nocebit (1). »

En sens inverse, le créancier unique déférant le ser- ment à l'un des *correi promittendi*, si celui-ci le prête, l'*exceptio jurisjurandi* profite à tous les débiteurs : « Ex « duobus reis promittendi ejusdem pecuniæ, dit le « même jurisconsulte Paul, alter juravit ; alteri quoque « prodesse debebit. » (2)

Seulement, dans les deux cas, il ne faut attribuer au serment cette influence absolue, qu'autant qu'il porte sur l'existence même de l'obligation corréale (objective- ment), et non sur la dépendance personnelle de tel ou tel individu, relativement à cette obligation (subjecti- vement).

Nous allons maintenant supposer que c'est le débiteur prétendu qui défère le serment, et que c'est le créancier qui jure que la dette existe, *sibi dari oportere* (serment positif). Ce dernier cas peut, à son tour, se présenter sous une double face : d'abord quand un des *rei stipu- landi* prête ce serment, et qu'un co-créancier veut s'en prévaloir contre le débiteur commun ; ensuite, quand l'unique créancier prête ce serment, et veut s'en préva- loir contre un débiteur autre que celui qui le lui a déféré. Ces deux hypothèses ne sont mentionnées ni l'une ni l'autre dans les sources du droit, et nous en concluons

---

(1) L. 28, *princ. eod. tit.*
(2) L. 28, § 3, *eod. tit.*

7

avec MM. de Savigny et Demangeat (1), que l'action de *jurejurando* ne compète qu'à celui des *rei stipulandi* qui a juré, que contre celui des *rei promittendi* qui a déféré le serment.

VI. *De la sentence judiciaire d'absolution.* — La combinaison de la sentence d'absolution avec le rapport de corréalité se présente tout d'abord comme ayant une haute importance pratique, et cependant c'est à peine si les questions qui s'y rattachent sont mentionnées dans le corps des lois romaines. Cette bizarrerie apparente s'explique par cette circonstance : du temps des jurisconsultes classiques de Rome, c'est-à-dire pendant cette période où la science du droit atteint son plus haut degré, la *litis contestatio* elle-même entraînait la consommation du droit, l'obligation était dès lors annihilée à l'égard des autres créanciers ou débiteurs, de sorte qu'on ne songeait pas à se demander quel serait l'effet du jugement pour le but dont nous nous occupons en ce moment. Même dans le droit de Justinien la question ne pourra pas se poser relativement aux *rei stipulandi*, si l'on pense, comme nous, que les anciens effets extinctifs de la *litis contestatio* ont survécu à leur égard aux innovations impériales. En ce qui concerne les *rei promittendi*, le jugement d'absolution peut être rendu entre l'un d'eux et le créancier commun. Aucun texte ne vise précisément la matière, mais nous avons, à propos de l'absolution du débiteur principal, un fragment de Pomponius dont la décision peut être avec certitude

---

(1) *Das obligationenrecht*, § 19, et Commentaire du titre *De duob. reis*, pag. 90 et suiv.

étendue au cas où il s'agit de *correi promittendi* : si
« reus juravit, dit le jurisconsulte, fidejussor tutus sit:
« quia et res judicata secundum alterutrum eorum
« utrique proficeret. (1) » Ainsi donc l'*exceptio rei judi-
catæ* peut être mise à profit non-seulement, ce qui est
évident, par celui qui a été absous, mais encore par
chacun des autres *rei* contre l'action que pourrait intenter plus tard le créancier. Ce principe ne souffre aucune
difficulté, remarquons même qu'il n'est formulé par
Pomponius qu'incidemment, et comme prélude d'une
décision analogue relativement au serment. Serait-il
applicable même à des codébiteurs simplement tenus
in solidum? Non, il ne le serait pas, toujours par ce
motif qu'il y a ici des obligations distinctes. Nous avons
en ce sens un texte positif : « Plures ejusdem pecuniæ
« credendæ mandatores, dit Papinien, si unus judicio eli-
« gatur, absolutione quoque secuta, non liberantur,
« sed omnes liberantur pecunia soluta » (2) et comme cette
loi a été insérée sans correction dans le Digeste, on est
fondé à conclure que cette inégalité de droit entre les
débiteurs corréaux et les débiteurs solidaires reste vraie
dans le droit de Justinien.

DEUXIÈME CLASSE. — *Modes d'extinction dont l'effet
est toujours limité à une personne déterminée.* — Sous
cette deuxième classe se rangent : la *capitis deminutio,*
la *bonis cessio,* la *restitutio in integrum,* le *pactum de
non petendo personale.*

I. *Capitis deminutio.* — Toutes les fois qu'un Romain

---

(1) L. 43, § 3, *De jurejurando.*
(2) L. 52, § 3, *De fidejussoribus* (46-1).

encourait une *capitis deminutio*, s'évanouissaient pour lui tous les droits civils privés attachés à la personne éteinte, actifs ou passifs, et cette transformation, par suite de la constitution si énergique et du caractère si vigoureux qu'avait le *status personarum* dans la vieille société romaine, se faisait sentir jusque dans l'ordre politique et dans l'ordre religieux. Les conséquences de ce phénomène juridique étrange, si on le compare avec les principes modernes, devaient réagir puissamment sur le rapport de corréalité. La personne antérieure d'un *reus promittendi* venant ainsi a périr, et, d'après le pur droit civil, les droits qui avaient cette personne pour sujet, à s'éteindre, pareil événement aura-t-il le même caractère que le payement, c'est-à-dire sera-t-il apte à libérer en même temps les codébiteurs? Il n'en était pas ainsi, cette libération avait alors une nature et une efficacité simplement personnelles, les autres débiteurs restant obligés comme auparavant. Telle est la décision précise du jurisconsulte Pomponius dans la loi 19, *de Duobus Reis*.

II. *Bonis cessio.* — Du cas où l'un des deux *rei promittendi* est *capite minutus*, on peut rapprocher le cas où il fait cession de biens. Vers la fin de la république, par une loi *Julia*, probablement une des lois judiciaires soit de Jules César, soit d'Auguste, un moyen fut ouvert au débiteur obéré d'échapper au double inconvénient de la contrainte par corps contre sa personne, et de l'infamie attachée à la *bonorum emptio* forcée, ce fut de faire volontairement à ses créanciers l'abandon de l'universalité de ses biens. L'un des deux *rei promittendi* faisant cession de biens, son *correus* reste, à n'en pas douter, obligé pour tout ce qui excède le dividende touché par le créancier; cela résulte *a fortiori* d'une décision analogue donnée pour le rapport accessoire de cautionnement. (1)

III. *Restitutio in integrum.* — Lorsque, selon la rigueur du droit civil, par suite d'un fait accompli, une personne avait perdu un droit quelconque de propriété ou de créance, d'action ou d'exception, ou bien lorsqu'elle se trouvait liée vers une autre, il lui restait encore, en certains cas, un recours extraordinaire ; elle pouvait obtenir du préteur, pour certaines considérations d'équité, sa restitution en entier, c'est-à-dire son rétablissement dans la position qu'elle avait auparavant. Ce secours, en dehors des règles du droit commun, exerce son influence non pas sur l'obligation en elle-même, *ad rem*, mais seulement sur le rapport purement relatif, *ad personam*, qui lie la personne secourue à l'obligation. Aussi Paul, dans la loi 48, *principium, De minoribus viginti quinque annis*, décide en termes absolus que : « Minor, se in id, quod fidejussit, vel mandavit, in inte- « grum restituendo, reum principalem non liberat. » Et cette décision serait encore vraie, si le mineur, au lieu de demander sa restitution contre un rapport accessoire de cautionnement, la demandait contre un rapport principal de corréalité. C'est le lieu en effet d'appliquer la maxime de Pomponius : « Multum interest utrum res « ipsa solvatur, an persona liberetur. » (2).

IV. *Pactum de non petendo personale.* — Lorsque le pacte est personnel, d'après une décision de Labéon, rapportée par Paul, il ne profite à aucun autre qu'à la

---

(1) Inst., § 4, *In fine, De replicationibus* (iv-14).

(2) L. 19, *De duobus reis.*

personne, pas même à ses héritiers : « Personale pactum
« ad alium non pertinere, quemadmodum nec ad he-
« redem, Labeo ait. »(1) Il faut donc incontestablement
admettre que le *pactum personale* consenti à l'un des *rei
promittendi* ne portera, dans aucun cas, atteinte au droit
du créancier contre les autres. Cette règle d'ailleurs est
bien naturelle, elle ne fait que consacrer la loi de la convention dont les parties ont voulu, et d'une façon non
équivoque, restreindre la portée.

TROISIÈME CLASSE. — *Modes d'extinction à caractère
mixte, c'est-à-dire à effet tantôt absolu, tantôt relatif,
suivant qu'il y a ou qu'il n'y a pas société entre les
correi.* — A cette troisième classe appartiennent la *compensatio*, la *confusio*, le *pactum de non petendo*, le *legs
de libération*, le *compromis.*

Il faut faire ici une observation préalable. Au rapport
principal de corréalité, base de l'obligation, peuvent se
joindre dans certains cas particuliers, d'autres rapports
accessoires et accidentels de droit. L'un de ces rapports
par son importance pratique mérite une mention spéciale,
c'est la société. L'alliance de ces deux institutions juridiques, qui se pénétraient l'une l'autre, empêchait l'obligation corréale d'apparaître dans la pureté et la perfection de sa nature et lui faisait même subir diverses modi-
fications que nous allons signaler en passant.

1. *Compensatio.* — Lorsque deux personnes se trouvent
à la fois débitrices et créancières l'une de l'autre, au lieu

---

(1) L. 25, § 1, *De pactis* (2-14).

de mettre ces personnes dans l'obligation de se payer tour-à-tour, il est bien plus simple de faire de leurs dettes sur leurs créances respectives une imputation réciproque. Si c'était là pratiquement une chose de commodité, c'était au point de vue rationnel une chose d'équité entre les parties, et, à ce double titre, la compensation devait être étroitement associée aux progrès de la jurisprudence. Cependant, dans les principes du droit romain, même depuis le rescript de Marc-Aurèle, même encore sous le système législatif de Justinien, elle n'a jamais été érigée en cause d'extinction des obligations. La place qu'elle occupe dans les Instituts de ce dernier Prince, suffirait, s'il en était besoin, à mettre hors de doute cette proposition.

Primus et Secundus se sont constitués *duo rei promittendi*, l'un deux est devenu créancier du créancier commun, lequel maintenant actionne l'autre. Quel va être, relativement au *reus* poursuivi, l'effet de l'existence d'une créance réciproque au profit de son *correus*? Papinien fait à cette question une réponse catégorique dans la L. 10, *De duobus reis*. « *Si duo rei promittendi « socii non sint, non proderit alteri quod stipulator alteri « reo pecuniam debet.* » Ainsi dans les principes purs de la corréalité, et sauf le cas de société, le débiteur ne peut opposer en compensation la créance que son codébiteur a contre le créancier. En sens inverse, au cas de *rei stipulandi*, le débiteur commun ne peut opposer en compensation au créancier poursuivant la créance qu'il a contre un autre créancier. Et même, à la différence de la première, cette seconde proposition reste vraie même dans l'hypothèse où un rapport de société ferait naître pour les *rei stipulandi* un intérêt et un droit communs. (1) Ces principes trouvent leur justification dans cette idée fondamentale que le simple fait de l'existence d'une créance réciproque laisse très-bien subsister l'obligation corréale et ne peut par suite être assimilé au payement effectif.

La disposition de la loi 10 est-elle applicable aux cas improprement dits de corréalité ? S'il y a société entre les débiteurs solidaires, il n'y a aucune raison pour ne pas leur appliquer la même règle que quand il s'agit de *rei promittendi socii*; mais, en l'absence de société, nous repoussons la décision de la loi 10, et en toute conviction. En effet nous savons que le débiteur solidaire poursuivi *in solidum* ne peut être contraint de payer qu'autant que le créancier est en état de lui consentir la cession efficace de ses actions. Or, dans notre hypothèse, cette condition ferait défaut, car le codébiteur cédé qui, en raison des rapports multiples de droit, aurait pu opposer en compensation sa créance réciproque s'il avait été poursuivi directement par le créancier commun, va maintenant l'opposer au cessionnaire de ce créancier et paralyser son action. Concluons-en que le débiteur solidaire, privé, s'il payait la totalité, d'un recours efficace contre son *correus*, opposera pour ce motif au créancier la compensation du chef de codébiteur. Ce premier principe est acquis. Cependant, d'autre part, l'équité serait blessée si la créance tout entière de ce codébiteur était sacrifiée au payement de la dette commune, dont lui seul en définitive ferait ainsi les frais; le débiteur poursuivi opposera donc bien la compensation du chef de son codébiteur, mais, pour sauvegarder

---

(1) Voir en ce sens M. Demangeat, *op. cit.*, pag. 283.

tous les intérêts, il ne l'opposera que jusqu'à concurrence de la part qui incombe à ce codébiteur dans l'obligation commune.

Toutes les distinctions que nous venons d'indiquer s'évanouissent si les choses relativement à la compensation ne sont plus entières, c'est-à-dire si elle a déjà été l'objet d'un règlement volontaire entre le créancier commun et celui des *rei* qui est devenu son créancier, ou si elle a été opposée dans le cours d'une procédure et tenue pour valable par le juge. Dans tous ces cas, elle doit être considérée comme équivalant complétement au payement dont elle a les effets absolus.

II. *Confusio.* — Il y a confusion lorsque la qualité de créancier et celle de débiteur viennent à se réunir dans la même personne : la dévolution des droits par voie d'hérédité est constamment indiquée par les jurisconsultes comme donnant le plus fréquemment lieu à ce mode extinctif d'obligation. S'il y a deux *rei promittendi*, Primus et Secundus, et que la succession s'établisse entre l'un d'eux et le créancier commun, par exemple, le créancier devient héritier de Primus : cette circonstance va-t-elle influer sur le droit qu'il a contre Secundus ? Non, car la confusion agit moins sur l'existence de la dette elle-même, que sur le rapport particulier de cette obligation avec une certaine personne, autrement dit, et, pour me servir des expressions de Paul dans la loi 71, *principium de Fidejussoribus*, c'est plutôt une « exemption personnelle qu'une extinction de l'obligation » (1). Toutefois, si au rapport de corréalité se

_____

(1) Ces expressions de Paul rappellent celles de Pomponius dans la loi 19, *De duobus reis*, ell·s reproduisent d'ailleurs la même idée.

joint un rapport de société, Secundus sera dispensé de payer au créancier la part pour laquelle il aurait l'action *pro socio* : la créance ne subsiste donc plus qu'en partie.

III. *Pactum de non petendo et legs de libération.* — Nous ne reviendrons pas sur le pacte de *non petendo in personam* pour étudier exclusivement le pacte conçu *in rem*. Ce dernier cas d'ailleurs est la règle et va de soi partout où une disposition particulière ne vient pas restreindre la convention à la personne de l'ayant-droit ou de l'obligé.

Le premier cas d'application a trait à deux *rei promittendi*, dont l'un fait un pacte de remise avec le créancier commun. L'autre *reus* pourra-t-il invoquer la *pacti exceptio* contre l'action du créancier? La question, en s'attachant à la nature vraie du rapport de corréalité, doit être résolue négativement; le créancier a conservé, à l'encontre de l'autre *reus*, la plénitude de son droit. Mais il peut s'introduire ici un autre rapport de droit, étranger en lui-même au rapport de corréalité, et qui permettrait même au *reus* qui n'a pas fait le pacte d'invoquer la *pacti exceptio*, c'est le rapport de société. Les *rei* sont-ils *socii?* Alors, comme celui qui a fait le pacte a intérêt propre à ce que son codébiteur ne soit pas condamné, parce que cette condamnation l'atteindrait par voie de conséquence, ce codébiteur sera autorisé à faire valoir le pacte. Un texte de Paul, loi 25, *princip., De Pactis,* reconnaît ce principe.

Même en dehors du cas de société, le pacte fait avec l'un des deux débiteurs corréaux pourrait fournir à l'autre une exception, s'il était démontré qu'en faisant le pacte avec l'un, le créancier a entendu se dévestir de tout son droit, et renoncer absolument à toute poursuite ultérieure; l'action qu'il intenterait maintenant contre l'autre irait manifestement *contra fidem*, et pourrait être repoussée par l'*exceptio doli mali* (1).

Le second cas d'application a trait à deux *rei stipulandi*, Primus et Secundus, dont l'un fait un pacte de remise avec le débiteur commun. Ici le principe est un : qu'il y ait société ou non entre les créanciers corréaux, la remise octroyée par Primus n'empêchera pas Secundus de faire plus tard valoir encore son droit au moyen d'une action. La règle à cet égard est formulée dans un texte de Paul, la loi 27, *principium*, *De Pactis*, dont la disposition, quelque peu équivoque, a occupé bien des interprètes : « Si unus ex argentariis sociis cum debitore « pactus sit, an etiam alteri noceat exceptio? Neratius, « Atilicinus, Proculus, nec, si in rem pactus sit, alteri « nocere ; tantum enim constitutum ut solidum alter « petere possit. Idem Labeo , nam nec novare alium « posse, quamvis ei recte solvatur ; sic enim et his, qui « nostra protestate sunt, recte solvi quod crediderint, « licet novare non possint ; quod est verum. *Idemque* « *in duobus reis stipulandi dicendum est.* » Aucune incertitude sur la décision qui fait l'objet principal du texte : le pacte de *non petendo* fait par l'un des *rei stipulandi* ne peut jamais fournir un moyen de défense au débiteur quand il est poursuivi par l'autre *reus*. Mais la question à résoudre est celle de savoir quelle est la rela-

---

(1) Arg. des LL. 25, § 2 et 26, *De pactis*

tion des derniers mots du texte : « Idemque in duobus reis stipulandi dicendum est, » avec cette phrase incidente dans laquelle Paul rapporte une opinion de Labéon et les motifs à l'appui de cette opinion. Si on rattache les expressions finales à la décision de Labéon, qui d'ailleurs les précède immédiatement, alors on dira que Labéon et Paul, après lui, refusaient à l'un des *rei stipulandi* la capacité d'éteindre la créance commune par une novation, et, cette interprétation nous paraît en effet commandée aussi bien par l'enchaînement des idées que par la construction matérielle du texte. Mais nous voilà ainsi en contradiction formelle avec les témoignages les plus incontestables, et en particulier avec la loi 36, par. 1, *De Novationibus*, où Venuleius, dans un fragment remarquable entre tous par la force de l'argumentation, décide que l'un des *rei stipulandi* peut éteindre le droit des autres en faisant novation. Il y a bien longtemps que l'on s'évertue à établir une prétendue harmonie entre nos deux lois : pour nous, nous croyons ce rêve irréalisable, et l'antinomie nous semble exister. Du reste, on ne doit peut-être pas trop s'étonner de ce que la question ait été résolue diversement par des jurisconsultes se plaçant à des points de vue tout différents ; cependant, s'il nous était permis de nous prononcer dans ce débat juridique, nous dirions que Venuleius défendait les vrais principes, et qu'il n'y a rien à opposer à ses puissantes déductions.

Passons au legs de libération. Les principaux aperçus sur la matière sont résumés dans un texte très-important, emprunté à Ulpien : « Nunc de effectu legati « videamus. Et, si quidem mihi liberatio sit relicta, cum

« solus sim debitor : sive a me petatur, exceptione uti
« possum ; sive non petatur, possum agere ut liberer per
« acceptilationem. Sed etsi cum alio sim debitor, puta
« duo rei fuimus promittendi, et mihi soli testator con-
« sultum voluit, agendo consequar, non ut accepto libe-
« rer, ne etiam correus meus liberetur contra testatoris -
« voluntatem, sed pacto liberabor. Sed quid si socii fui-
« mus? Videamusne per acceptilationem debeam libe-
« rari : alioquin, dum a conreo meo petitur, ego inquie-
« tor. Et ita Julianus, libro trigesimo secundo Digesto-
« rum, scripsit : si quidem socii non simus, pacto me
« debere liberari ; si socii, per acceptilationem. (1). »
Le créancier a fait un legs de libération à l'un des deux
rei promittendi. Le legs de libération reçoit des principes du droit romain, sur l'extinction des obligations,
un caractère tout particulier. Le legs n'est pas un moyen
reconnu par le droit civil pour éteindre les obligations ;
en conséquence, le débiteur, malgré la disposition faite
en sa faveur, reste toujours obligé *ipso jure*. La connaissance de ces principes était un préliminaire indispensable pour l'étude qu'il nous reste à faire.

En premier lieu, supposons que les deux *rei*, Primus
et Secundus, n'étaient pas associés, et que le testateur
n'ait voulu gratifier que Primus ; Primus, et Primus seul,
pourra faire usage soit d'une exception, soit d'une action : d'une *exceptio testamenti* ou *doli mali*, si l'héritier,
au mépris du testament, vient à l'actionner ; de l'*actio
testamento*, si Primus, lassé d'être ainsi à la discrétion

---

(1) L. 3, § 3, *De liberat. leg.* (34-3).

de l'héritier et toujours sous le coup de son action, n'ayant pas par suite obtenu ce que le testament a voulu lui procurer, sa libération, prend lui-même les devants et demande à l'héritier d'accomplir le testament. Dans ce dernier cas, que doit faire précisément l'héritier pour échapper à une condamnation pécuniaire? Si, en cette occurrence, il libérait Primus par *acceptilatio*, Secundus se trouverait aussi libéré, et ce contrairement aux termes du testament, dont le but serait ainsi dépassé. Il lui suffira donc de conclure avec Primus un pacte *de non petendo*. Quand à Secundus, resté en dehors de la libéralité, il ne peut ni se défendre par une exception, ni *a fortiori* agir pour se faire libérer.

Nous arrivons à l'hypothèse inverse : il y avait société entre Primus et Secundus, et, le créancier lègue à Primus sa libération. Quelle va être l'efficacité de cette disposition? Primus, par l'action *ex testamento* contraindra l'héritier à lui faire *acceptilatio*; et, rien ne survivra désormais de l'obligation corréale. Il rentrait dans les habitudes des Romains d'interpréter largement les dispositions testamentaires, et cette tendance favorable, Paul l'érige en un principe de droit : *In testamentis plenius voluntates testantium interpretantur* (1). Donc, dans notre espèce, on doit croire que le testateur n'a pas voulu que sa libéralité fût amoindrie pour le légataire, et elle le serait évidemment par l'effet de l'action *pro socio*, si l'associé de ce légataire pouvait être contraint de payer la totalité ou même une partie de l'obligation, confor-

(1) L. 12, *De regulis juris* (50-17).

mément aux principes généraux sur le recours en matière de société, principes d'après lesquels toute somme payée par l'un des associés se répartit entre eux tous. Pour que le legs adressé à Primus ait son plein et entier effet, il faut décharger Secundus. Tout cela est admirable de logique et de précision. Répétons donc en terminant cette réflexion aussi remarquable par sa justesse que par sa sagacité, que nous empruntons au même Ulpien, suite de notre l. 3, § 4, *de Liberatione legata* : « bien que le créancier ne dénomme dans son testament que l'un des deux *rei socii*, presque toujours le legs de libération se trouvera virtuellement fait à l'un et à l'autre. »

IV. *Compromis.* — Le compromis suppose un pacte par lequel deux parties conviennent de soumettre leur différend à la décision d'un ou de plusieurs arbitres; la sanction de cette décision repose sur la peine conventionnelle, garantie dès maintenant par promesses réciproques (*compromissum*), et qui sera plus tard encourue dans le cas où l'une des parties n'obéirait pas à la sentence. Suivant ma prétention je serais *correus stipulandi* avec un tiers, et Titius serait notre débiteur commun. Je compromets avec lui, mais je suis débouté par l'arbitre, et voilà maintenant que mon cocréancier actionne ce même Titius. Ai-je encouru la peine? En principe, il faut répondre négativement; car si la sentence a été en fait méconnue, ce n'est pas par moi, mais par mon *correus* resté étranger au compromis. De même pour le rapport de corréalité passive, je soutiens que Titius est envers moi *correus promittendi* avec un tiers; l'arbitre saisi de la question se prononce pour la négative. Ayant ensuite moi-même intenté une action en justice contre l'autre débiteur, serai-je contraint de payer la peine? Non, car je n'ai pas contrevenu à la sentence en poursuivant le co-débiteur auquel l'absolution arbitrale ne se référait pas. Il en serait autrement dans les deux cas, c'est-à-dire que les stipulations pénales seraient commises, si les divers créanciers ou les divers débiteurs se trouvaient en société. Comme en vertu de ce nouveau rapport de droit, chacun participe aux bénéfices ou aux inconvénients qui résultent du procès intenté, après l'absolution, par le créancier ou contre le *reus* restés étrangers au compromis, le résultat, en dernière analyse, est le même que si ce procès avait été débattu entre les personnes déjà impliquées dans la procédure arbitrale. La matière qui nous occupe fait l'objet d'un fragment de Paul, la loi 34, *principium, de Receptis*, dont la partie qui a trait aux *argentarii* a déjà été mise à profit plus haut.

CHAPITRE V.

CORRÉALITÉ. — RÈGLEMENT DÉFINITIF. — RECOURS.

Tous les commentateurs du droit romain qui ont écrit sur les obligations corréales se sont tourmentés de la réponse à donner à une question importante entre toutes, la question du recours entre les parties intéressées. Au sujet de cette question, on pourrait désirer plus de précision et d'harmonie entre les décisions des jurisconsultes du Digeste; entre les glossateurs, des théories moins divergentes; entre les romanistes de l'époque actuelle, des opinions moins extrêmes. — D'un côté, on nie tout droit à un règlement définitif, camp de la négation; — d'un autre côté, on admet ce règlement, camp de l'affirmation. — D'un côté, on soutient que la nature essentielle et abstraite de l'obligation corréale prise en elle-même ne conduit pas à l'idée d'un recours; que par conséquent cette idée est étrangère à l'institution. — D'un autre côté, on invoque les principes fondamentaux du droit des obligations; la règle, c'est que toute obligation où figurent plusieurs créanciers ou débiteurs, ne doit concerner chacun d'eux que pour sa part; l'exception, c'est qu'elle peut concerner chacun des contractants pour le tout. Sans doute, cette exception échappe à tout reproche d'iniquité, puisque la libre volonté des parties intéressées s'est fixée dans ce sens particulier; mais ce n'en est pas moins là un rapport anomal de droit, et quand l'un des créanciers corréaux aura reçu la totalité de la dette, fait en vertu duquel le but de l'exception est atteint, ou quand l'un des débiteurs corréaux aura payé le tout, et fait produire, par cette prestation, à l'obligation corréale son effet particulier, ne sera-t-il pas désirable d'en revenir au droit commun et de rétablir la règle si équitable de l'obligation divisée? Supprimez le recours, et l'obligation corréale sera le prix de la course ou le jeu du hasard, solution antinaturelle, antijuridique, injuste, par conséquent proscrite de la législation romaine.

Avant de nous prononcer, remarquons que les motifs mis en avant par la première opinion (négative) concluent moins à la négation du recours, qu'à la simple absence d'un motif pour le faire naître, tandis que les raisons invoquées par la seconde opinion (affir-

mative) conduisent moins à en prouver l'existence qu'à
le faire regarder comme juste et désirable. On peut donc
faire aux deux parties en lutte le reproche commun
d'avoir choisi pour toute la discussion un point de départ
.nexact et exclusif. La question du recours traitée dans
les textes du Digeste d'une manière peu concordante,
l'est encore moins d'une manière approfondie ; les jurisconsultes la mentionnent vaguement, sans principes po-
sitifs, dans des hypothèses variées, ou, à défaut de données rationnelles, les faits dominent souvent le droit.
Il est impossible de méconnaître le point de vue que
nous venons d'indiquer ; ce serait donc une étrange méprise que de rêver, sur cette question pour le droit romain,
une théorie scientifique, directe, absolue. C'est assez
dire que, selon nous, le recours n'était pas érigé en règle
de droit, qu'il n'était même pas admis en principe, et,
que s'il était possible, en certaines occurences, de le
faire valoir, il naissait des institutions juridiques qui,
étrangères à l'obligation corréale, sont susceptibles de
venir se combiner avec elle, ou par voie de conséquence,
de certaines déductions équitables, comme correctif à
la rigueur du droit strict.

Nous allons essayer de démontrer rapidement ces différentes propositions.

Une base incontestable, la seule qui défie toute controverse, mais en même temps une base très-insuffisante
du recours, apparaît, garantie par l'action *pro socio*,
dans le cas accidentel où, à côté de l'obligation corréale,
a trouvé place une relation de société. Les partisans les
plus convaincus de l'opinion négative sont forcés de laisser le champ libre à ce mode de recours, en lequel se

rallient toutes les opinions, et qui devrait encore être admis, comme résultant manifestement des principes de la société, alors même qu'il ne serait mentionné nulle part dans les sources du droit.

À côté de l'action *pro socio*, et, à cette époque où la législation romaine était irrésistiblement emportée vers le droit naturel et vers l'équité, nous trouvons une base plus générale et plus importante du recours, au moyen du bénéfice *cedendarum actionum*, et de la théorie de la cession feinte et de l'*utilis actio* dans le dernier état de la jurisprudence. Cette matière nous est connue, elle a été l'objet de longs développements et d'une étude toute particulière. Nous ne la mentionnons ici que pour éviter toute lacune dans l'objet actuel de notre étude.

L'*actio negotiorum gestorum* est une fois invoquée par un ancien jurisconsulte, Valerius Severus, pour fonder l'action en recours du tuteur, qui, par le payement de la totalité de la dette, libère en même temps son co-tuteur. La loi 30, *De Negotiis gestis*, a donné lieu à des opinions divergentes; elle a même servi de point de départ à une controverse retentissante en Allemagne, dont les efforts tendaient à généraliser sa décision (1). Pour nous, nous la croyons en dehors de la doctrine qui avait prévalu parmi les jurisconsultes, et qui, comme condition essentielle de la *negotiorum gestio*, exigeait qu'on eût eu l'intention de prendre soin des affaires d'autrui. Ce principe triomphe définitivement dans le droit de la fin du IIe siècle. Or, le débiteur corréal qui paye, ne

---

(1) W. Sell, dans la *Linde's Zeitschrift*, t. 6, p. 409-446 et t. 4, p. 17-36 (1830-1831).

paye nullement dans l'intention de faire l'affaire de ses codébiteurs, c'est purement dans le but de se procurer à lui-même sa libération, il n'a donc pas droit à une action *negotiorum gestorum* contre les autres. La décision de Valerius Severus se réfère à une époque où la théorie de la *negotiorum gestio* était en voie de formation.

Il est vrai qu'on aurait pu voir la gestion de l'affaire d'autrui, sinon dans l'acte nécessaire du payement, évidemment accompli par le débiteur en son propre nom, du moins dans l'opération juridique antérieure, c'est-à-dire au moment précis où le débiteur, encore dans la plénitude de son indépendance, consent enfin à se lier et à contracter une obligation dont d'autres vont recueillir en partie le profit.

Mais les jurisconsultes romains ne s'étaient pas arrêtés à cette idée, qui d'ailleurs nous conduit bien moins à la notion d'une gestion d'affaire, qu'à la notion d'un mandat réciproque.

La légitimité de l'*actio mandati* appliquée au recours a été bien des fois agitée depuis l'époque des glossateurs. En premier lieu, avec le rapport de corréalité peut se combiner un rapport de cautionnement réciproque entre les débiteurs corréaux. Ce cas est non-seulement possible en lui-même, mais encore il est mentionné dans un texte bien connu, la loi 11, *principium, De Duobus Reis.* Or, l'addition de ce cautionnement réciproque entraîne, sans difficulté, l'application de l'*actio mandati* (1),

---

(1) Du reste, nous devons ajouter que ce procédé est, en principe et dans la pensée de Papinien, à l'entière discrétion du créancier, en ce sens qu'il ne peut pas être contraint à diviser son action, et à poursuivre le débiteur moitié

et l'on peut, sans témérité, affirmer que c'est à ce résultat que Papinien fait allusion, par cette phrase générale qui précède sa décision : « Reos promittendi vice mutua « fidejussores non inutiliter accipi convenit. » En second lieu, faut-il aller plus loin, et dire que le rapport de corréalité, en lui-même et dans la pureté de son principe, implique virtuellement l'idée de mandat et engendre ainsi une voie directe pour arriver au recours. Cette déduction peut être exacte; mais assurément, elle n'est pas romaine, car elle n'est reconnue dans aucune source du droit. Ajoutons que, si on parvenait à la justifier, elle serait encore insuffisante, car elle ne conviendrait guère qu'aux obligations corréales résultant d'une convention.

Pour achever la justification de la théorie que nous développons ici, sur le recours, il est nécessaire d'étudier deux textes, qui se rattachent directement à la matière, et qui vont nous prêter encore l'appui de leurs décisions.

Le premier est un texte d'Ulpien, rapportant purement et simplement une décision de Julien, sur la manière de calculer la *quarte Falcidie*. « In lege Falcidia

moine est grossi de la créance ou diminue

autrement dit, et pour être plus explicite, il faut comme débiteur principal, moitié comme fidéjusseur, pour lui réserver ainsi un moyen de recours contre son corréus, « *nec enim dividere cogendus est* » En effet, il peut ne tenir aucun compte du cautionnement réciproque et se refuser à reconnaître en Primus une autre qualité que celle de *reus promittendi*. Le recours pour le débiteur n'était donc pas d'une grande importance. Cependant, reste en dehors la question générale de savoir si le respect du cautionnement réciproque n'a pu être rendu obligatoire pour le créancier en vertu d'une convention spéciale insérée dans ce but. (Voir pour l'époque de Justinien l'explication de la Novelle 99.)

« hoc esse servandum Julianus ait, ut, si duo rei pro-
« mittendi fuerint, vel duo rei stipulandi, si quidem
« socii sint, in ea re dividi inter eos debere obligationem,
« atque si singuli partem pecuniæ stipulati essent vel
« promisissent; quod si societas inter eos nulla fuisset,
« in pendenti esse, in utrius bonis computari oporteat
« id, quod debetur, vel ex cujus bonis detrahi. » (1) Prenons d'abord une idée générale de ce fragment : un
homme est mort, laissant un testament dans lequel des
legs sont faits à la charge de l'héritier institué ; il s'agit
de savoir s'il y a lieu d'appliquer la loi Falcidie sur son
hérédité ; or, cette hérédité comprend soit une créance,
soit une dette corréale. Pour qu'elle somme faut-il faire
entrer en compte cette obligation, à l'actif, dans le premier cas, au passif dans le second ? Il faut, avant tout,
distinguer si les *correi* sont ou non en société.

S'ils sont en société, comme le recours doit inévitable-
ment amener une répartition, il faut traiter l'obligation
non comme obligation corréale, mais comme obligation
divisée.

Si aucune société n'est intervenue, la question reste
en suspens de savoir quelle est la partie dont le patrimoine est grossi de la créance ou diminué de la dette,
autrement dit, et pour être plus explicite, il faut provi-
soirement ne pas tenir compte de l'obligation corréale à
cause du caractère aléatoire de ses résultats. L'éventua-
lité d'un recours ultérieur est donc absolument écartée,
sauf le cas de société ; le *correus stipulandi* de celui qui

---

(1) L. 62, princip. *Ad. leg. Falcid* (35-2).

a encaissé le montant de la créance ou le *correus promittendi* de celui qui a payé le montant de la dette, ne sera donc pas appelé en participation du bénéfice ou de la perte. En résumé, dans l'application de la loi Falcidie, on réservera cette obligation pour un calcul à faire plus tard, quand le sujet actif ou passif des poursuites étant connu, les droits se seront fixés ; seulement, et dans un but de prévoyance, en prévision des restitutions qu'ils pourraient avoir à se faire dans l'avenir, l'héritier et les légataires vont se lier entre eux par des stipulations et des promesses réciproques.

Ce texte offre une difficulté, c'est qu'il ne laisse aucune place au bénéfice *cedendarum actionum* ; il est cependant assez difficile de supposer que le débiteur, contraint de payer le tout, ne s'en prévaudra point. C'est sans doute qu'à l'époque de Julien, le véritable *correus promittendi* n'était pas encore bien sûr de faire triompher ce moyen devant le juge ; en effet, ce ne dut être qu'en dernier lieu et sous l'influence désormais prépondérante des principes d'équité, qu'on fût autorisé à faire valoir cette exception dans les actions de droit strict. Ajoutons enfin que Julien traite tout ensemble des *rei promittendi* et des *rei stipulandi*, et que, pour ces derniers, il ne pouvait être question du bénéfice *cedendarum actionum*.

Le second texte auquel nous faisons allusion, texte fondamental, appartient au jurisconsulte Modestin et se réfère à la matière de la fidéjussion : «Ut fidejussor adversus « confidejussorem suum agat, danda actio non est : « ideoque, si ex duobus fidejussoribus ejusdem quanti- « tatis, cum alter electus a creditore totum exsolverit, « nec et cessæ sint actiones : alter nec a creditore, nec

« a confidejussore, convenietur. » Ainsi, bien certainement, quand plusieurs fidéjusseurs interviennent pour
la même dette, et que l'un d'eux la paye en totalité, il
n'a aucun recours contre les cofidéjusseurs; cette règle
d'ailleurs est encore directement exprimée dans un passage des *Instituts*. (1) Mais Modestin ajoute immédiatement l'exception : « si... *nec ei cessæ sint actiones* », et,
dès lors, sa décision est complète. Les *rei promittendi*
étaient-ils à cet égard dans une autre situation que les
fidéjusseurs? Nous ne saurions le comprendre ; et même
il nous paraît impossible d'alléguer pour une prétendue
dissemblance des motifs satisfaisants. Or, si l'assimilation doit être admise, qu'on ne vienne plus dire que
l'absence d'un recours direct, absolu, est un oubli de la
jurisprudence. Car on sait avec quel soin fut élaboré à
Rome le droit de la fidéjussion. Les Romains considéraient les cautionnements comme une institution si importante et en même temps si délicate et si pleine de
dangers que, chose étrange ! ils ne craignaient pas ici de
contrevenir au culte national de leurs traditions juridiques pour se faire essentiellement novateurs, et l'on
chercherait en vain, dans le corps de leur droit, une matière sur laquelle ait porté un aussi grand nombre de
plébiscites.

---

(1) Instit. *De Fidejussoribus*, § 4 (iii-20).

APPENDICE.

CORRÉALITÉ. — CONTENU PRATIQUE DE L'INSTITUTION JURIDIQUE.

Comme complément à notre étude sur les obligations corréales, il nous reste à rechercher le contenu pratique de cette institution, ou, pour parler autrement, si les jurisconsultes de Rome, interprètes du droit et des conventions des particuliers, ont été guidés, en l'admettant, par de justes motifs, par un besoin véritable. Or, quiconque veut jeter un coup d'œil sur la vie des affaires et embrasser dans leur ensemble les effets énumérés plus haut du rapport de corréalité ne tardera pas à se convaincre qu'ils concourent tous au même but : satisfaction du droit du créancier, et, avec ce triple avantage, commodité, rapidité, sûreté dans les poursuites.

Commodité, puisqu'il peut choisir librement celui des débiteurs qu'il lui convient d'actionner, par exemple, celui qui est à sa portée ou celui dont la discussion promet d'être facile.

Rapidité, puisqu'il peut atteindre son but par une action unique ;

Sûreté, puisqu'il peut poursuivre parmi plusieurs débiteurs celui dont la fortune lui offre les garanties les plus considérables pour l'exécution.

Je prévois une objection qui se formule ainsi : Si, d'une

part, il est vrai que le rapport de corréalité est utile au créancier, d'autre part, il est pour lui, et personne n'osera le nier, gros d'aventures et plein de dangers. Ainsi, au point de vue actif, le *correus stipulandi* a la libre disposition de la créance commune et il peut la sacrifier à l'encontre de ses *correi*; au point de vue passif, si le créancier agit contre l'un des *rei promittendi*, quel que soit le résultat de ses poursuites, son droit est consommé sans retour et il ne lui est plus possible de revenir sur son option; dans l'un comme dans l'autre cas, aucun principe certain ne préside à la distribution du gain et de la perte. Or tout ce qui est hasardeux, est antijuridique, et il y a incompatibilité entre les caprices du sort et les règles précises du droit. — On ne saurait contester la parfaite exactitude de ces propositions, mais on sort du vrai quand on en présente les résultats comme le véritable but, la signification pratique du rapport de corréalité. Ce sont là, tout au contraire, des conséquences de principes juridiques antérieurs à ce rapport, sans relation avec lui, étrangers, et même je dirai plus, contraires à son véritable sens, tellement contraires que les parties en s'engageant dans un rapport de corréalité avaient coutume de se prémunir contre leurs applications par des conventions accessoires et protectrices.

Ces arguments écartés, répétons donc, et en toute conviction, que l'institution juridique, dont nous achevons l'examen, était destinée à conférer au créancier un pouvoir plus étendu dans la poursuite de sa créance avec épargne de temps, de peine et d'argent; que loin d'être une création artificielle, arbitraire et de fantaisie, elle reposait sur des principes essentiels; et qu'à tous ces titres, elle peut revendiquer légitimement une place dans les législations des peuples modernes.

Et maintenant, pour nous conformer au cadre du programme, il faut nous rendre compte de la forme qu'elle a prise dans le droit de notre pays. Or, hâtons-nous de le dire, le rapport fondamental que le droit romain a été établi entre la division de l'obligation comme règle, et la corréalité comme exception possible, est resté, pour ainsi dire, intact dans nos lois. Déjà nos anciens auteurs avaient accepté ce principe sur la foi des jurisconsultes de Rome; et, lors de la promulgation du Code Napoléon, c'est-à-dire près de seize siècles après que les Gaius, les Papinien, les Paul et les Ulpien eurent illustré la jurisprudence, leurs décisions, dignes le plus souvent du surnom fameux de Raison écrite, furent encore le point de départ de nos législateurs. Certes, ce n'est pas nous qui trouverons étrange que cette belle création du droit romain ait ainsi traversé les âges en franchissant la quadruple barrière des langues, des mœurs, des institutions et des nationalités pour pénétrer, non seulement au point de vue particulier du sujet qui nous occupe, mais dans la généralité de ses règles, les différentes législations de l'époque actuelle. Car si ce droit n'était à son origine qu'un ordre impératif et dur, une formule technique et rigoureuse, un mystère et un arme aristocratique, la civilisation, en avançant, l'avait spiritualisé, comme nous avons constamment essayé de le montrer dans le cours de cette thèse, et l'avait dégagé de ses actes symboliques, de sa rudesse nationale et de son austérité républicaine pour le porter de plus en plus dans le domaine de l'équité et du droit des gens. Une ère s'ou-

vrit amenant avec elle des génies supérieurs, des jurisconsultes illustres qui, par leur travaux, firent de la
science du droit une science immense qu'ils allièrent à la
culture des lettres et surtout de la philosophie. Sous cette
influence nouvelle, le droit n'est plus la règle imposée
et absolue, son fondement n'est plus dans la prescription inflexible de l'autorité publique, mais dans la raison
philosophique, dans la notion immuable du bien et de
l'équité. Alors son étude se généralise, de nombreux ouvrages parurent, ouvrages transmis par fragments jusqu'à nous, et qui, bien qu'épars et souvent travestis,
dirigent encore ceux qui cultivent la science des lois.
Enfin, tandis que le droit public se corrompait, que les
nations s'accommodaient au pouvoir absolu, que le droit
sacré déjà abandonné par les hautes classes de la société
romaine s'en allait de jour en jour couvert de honte et de
ridicule, que le trouble dans les idées était porté à son
comble, le droit privé brillait d'un éclat sans égal dans
l'histoire des peuples, et le jurisconsulte Paul pouvait,
sans trop de témérité, lui appliquer cette belle définition : le droit, c'est ce qui est toujours équitable et bon,
« *quod semper æquum ac bonum est, jus dicitur.* » (1)

---

(1) Dig., L. 1, tit. 1, *De justitia et jure.*

DROIT FRANÇAIS.

SOMMAIRE.

Nous diviserons notre étude sur la solidarité en trois chapitres :

Dans le premier, nous traiterons de la solidarité entre les créanciers ;

Dans le second, nous exposerons les principes généraux de la solidarité entre les débiteurs ;

Dans le troisième, nous parcourrons les principaux cas de solidarité légale dans les contrats du droit civil.

CHAPITRE PREMIER.

DE LA SOLIDARITÉ ENTRE LES CRÉANCIERS.

Nous définirons la solidarité avec notre savant professeur (1) : « Une qualité exceptionnelle de la créance qui autorise chacun des créanciers à demander la totalité de cette créance, comme s'il était seul ayant-droit (solidarité active ou entre les créanciers), ou bien une qualité exceptionnelle de la dette qui fait que chacun des débiteurs en est tenu pour le tout, comme s'il était débiteur unique (solidarité passive ou entre les débiteurs). » Nous n'avons en ce moment à nous occuper que de la solidarité active, et elle ne tiendra pas plus de place ici que dans le Code civil. Elle est d'ailleurs presque complètement inconnue à la pratique, et l'on peut dire d'elle, ainsi que de la tutelle officieuse, qu'elle est dans nos lois comme un objet de luxe.

La solidarité étant une qualité exceptionnelle de la créance, il faut que le titre soit explicite à son égard. « L'obligation est solidaire entre plusieurs créanciers *lorsque le titre donne expressément à chacun d'eux le droit de demander le payement du total de la créance* (2)...» Comme il n'y a dans notre droit aucun terme sacramentel, la solidarité peut aussi être exprimée par des équipollents, mais l'équipollence doit être parfaite, et, s'il y a doute, l'obligation sera régie par le droit commun qui implique la division entre les parties.

Il ne faut pas assimiler à une solidarité entre créanciers le cas où un créancier fait une simple indication de payement chez une tierce personne chargée de recevoir pour lui, cas où, pour me servir des expressions romaines, il y a une *adjectio solutionis gratia*. Dans la so-

---

(1) M. Bugnet, Cours du 21 mai 1860.
(2) Art. 1197.

lidarité, il y a toujours au moins deux sujets actifs du droit; dans l'*adjectio*, il n'y en a qu'un. Cet *adjectus* n'étant pas créancier ne peut faire en son propre nom contre le débiteur aucunes poursuites, son rôle, comme son droit, se borne à la réception du payement. En outre, sa qualité est essentiellement attachée à sa personne et ne s'étendrait pas par conséquent à ses héritiers ou autres représentants. Telle était la décision des lois romaines, adoptée par nos anciens auteurs, et qui devrait encore être suivie dans notre droit actuel. Comme conséquence de cette dernière proposition, nous ajouterons qu'on cesse de pouvoir valablement payer à la personne indiquée lorsqu'elle a changé d'état, comme, par exemple, lorsqu'elle est interdite, ou passée en puissance de mari, ou tombée en déconfiture; or, toutes ces circonstances ne font point évanouir la solidarité, par la raison qu'un caractère inhérent à l'obligation ne peut plus s'en détacher ultérieurement à moins qu'on ne fasse une novation.

Pothier estime qu'une obligation solidaire résulterait de la disposition testamentaire faite en ces termes: « Mon héritier donnera aux Carmes ou aux Jacobins la somme de 100 livres. » Nous croyons que c'est là une étrange méprise. En effet, dans l'exemple proposé, c'est le choix de l'héritier qui va déterminer la communauté créancière, et les poursuites prématurées de l'une ou de l'autre ne le priveraient pas de ce droit. En outre, la communauté désignée n'admettra pas l'autre au partage de la libéralité, ce qui est, comme nous allons le voir, tout à fait contraire aux vrais principes de notre matière.

Comme il est certain, si l'on considère la solidarité

sous le rapport du contenu de l'obligation, qu'il n'y a qu'un objet, que c'est la même chose qui est due à chacun en totalité, et qu'elle n'est due qu'une seule fois, l'art. 1197 dispose : « .... Que le payement fait à l'un des créanciers solidaires libère le débiteur à l'égard de tous les autres. » L'effet de ce mode par excellence de dissolution, loin d'être restreint au droit des personnes qu'il concerne, entraîne l'anéantissement complet de tous les liens et rend impossible l'exercice ultérieur d'une nouvelle action. Mais le bénéfice de l'obligation va-t-il rester désormais sans partage entre les mains de celui des créanciers qui a reçu le payement? Non, si l'un des créanciers peut recouvrer l'entière créance, il ne peut la recouvrer pour lui seul. Cette règle est textuellement consacrée dans nos sources de droit « .... encore que le bénéfice de l'obligation soit partageable et divisible entre les divers créanciers, » lisons-nous à la fin de l'art. 1197. Ce principe peut être moins satisfaisant, au point de vue de la logique, mais, à coup sûr, il est plus satisfaisant, au point de vue de l'équité, que le principe romain; c'est, sous ce dernier rapport, la substitution du droit à l'empire du fait; le règlement va empêcher que l'un des créanciers s'enrichisse sans cause aux dépens de l'autre. Il conduit, en dernière analyse, aux mêmes résultats que s'il s'agissait d'une dette qui eût toujours été divisée, sans porter atteinte à l'essence de l'exception de solidarié, puisqu'il entre en scène, alors que cette exception, par le payement de l'entière dette, n'a plus d'objet. Non seulement le bénéfice de l'obligation doit être partagé entre les créanciers, mais il doit être partagé par parts égales, car, quand deux personnes figurent au même titre dans un contrat, il est naturel de supposer qu'elles y ont intérêt dans les mêmes limites. Sans doute, il pourra se faire qu'en présence d'une clause énonçant, et d'une façon non équivoque, que l'un des contractants a simplement joué le rôle que remplissait, en droit romain, l'adstipulator, le bénéfice de l'obligation ne soit pas divisible, mais ce sera l'exception.

Les créanciers solidaires sont réciproquement mandataires les uns des autres; la clause de solidarité implique en effet un mandat que chacun des créanciers a donné à tous les autres pour pourvoir à l'intérêt commun par des actes utiles, c'est-à-dire tendant soit à *conserver*, soit à *améliorer*, soit à *recouvrer* la créance (1).

Le premier objet de ce mandat réciproque, c'est le droit pour chacun de poursuivre le débiteur, et même les poursuites du créancier le plus diligent constituent de sa part une prise de possession de la créance, de telle sorte que le débiteur ne pourrait plus désormais se libérer valablement entre les mains des autres. Le principe qu'il est loisible au débiteur de payer auquel il voudra des créanciers solidaires ne reste donc vrai que tant que les choses sont entières. Dès que l'un des créanciers intente l'action, la personne des autres s'efface; ils n'ont plus qualité pour recevoir. On pourrait, à juste titre, s'étonner de ce que ce principe a passé sans changement dans notre législation. A Rome, il allait de soi, se rattachant à l'effet extinctif de la *litis contestatio* (2). Peut-être pourrait-on le justifier, indépen-

(1) M. Bugnet. Cours du 21 mai 1860.
(2) Gaius, L. 16, *De duobus reis*, Dig., combin. avec § 180., Instit. comm. III.

3979   9

damment de cet effet extinctif, en disant que les poursuites intentées ont créé entre le débiteur et le créancier qui a pris les devants une relation juridique plus
étroite.

Mais que faut-il entendre ici par poursuites ? Une
simple citation en conciliation rentrerait-elle dans le
dessein de l'art. 1197 ? L'affirmative ne nous semble
pas douteuse si cette citation a été suivie d'ajournement
dans le délai légal fixé par l'art. 54 du Code de procédure. Au cas contraire, nous ne trouverions pas dans la
citation en elle-même une manifestation suffisamment
accentuée et persistante du droit pour l'envisager comme
une poursuite.

Abstraction faite de cette restriction apportée à l'option du débiteur par des poursuites qui la préviennent,
nous dirons que le droit pour le débiteur de payer à
celui qu'il veut choisir emporte évidemment pour lui le
droit de faire des offres à ce créancier pour la somme
intégrale, et de se libérer au moyen d'une consignation
régulière faite à la suite de ses offres.

Dès que l'un des créanciers a affirmé son droit en prenant l'initiative des poursuites, le débiteur qui ne peut
plus payer valablement l'entière créance à l'autre, peut-
il au moins lui en payer moitié sur le fondement que
l'objet de la prestation est partageable entre les divers
ayants-droit ? Ce n'est pas notre sentiment ; en effet,
le partage, qui d'ailleurs peut ne pas avoir lieu, ainsi
que nous l'avons montré, n'a, quoi qu'il en soit, d'effet
qu'entre les créanciers, et le débiteur n'a aucun titre
à en argumenter. Ceci nous conduit naturellement à
l'examen d'une question controversée entre les auteurs :
le débiteur peut-il opposer au créancier poursuivant la

compensation de ce qui lui est dû par l'autre créancier ?
Nous pensons qu'il le peut, malgré l'opinion contraire
de M. Marcadé, sur l'art. 1198 ; en effet, le débiteur
n'est tenu que d'une prestation unique, la créance multiple à l'égard des créanciers est une pour lui, et, quand
il est devenu à son tour créancier de l'un ou de l'autre
des corrés, dans les conditions où la compensation s'o-
père, nous ne voyons pas pourquoi son obligation survi-
vrait ou ne serait pas éteinte au moins jusqu'à due concurrence. La compensation a dans nos lois une place
bien autrement étendue que celle qui lui était laissée à
Rome par les combinaisons étroites du droit civil ; elle
est maintenant érigée en cause d'extinction des obligations, et nous ne croyons ici rien exagérer en l'envisa-
geant en elle-même comme un équivalent du payement,
produisant le même effet et presque par la même voie.

Nous ne prendrons pas non plus pour guides les principes romains en ce qui concerne la confusion, et nous
permettrons au débiteur qui succède à l'un des créanciers solidaires d'opposer la confusion à l'autre créancier. Toutefois, ce dernier fera valoir son droit au règlement définitif comme il l'aurait fait valoir à l'encontre de son corré, dans le cas où ce corré aurait reçu
le remboursement.

Nous voyons, dans les fragments insérés au Digeste,
que les créanciers corréaux étaient considérés comme
ayant chacun la pleine et entière disposition de la
créance : « Petitione, acceptilatione unius tota solvitur
« obligatio, » disait Javolenus dans une loi déjà par
nous bien souvent citée, L. 2, *De Duobus Reis*, et Pothier
dans son *Traité des Obligations*, n° 260, 4°, ne s'était

pas écarté de cette doctrine. Le Code Napoléon n'est pas allé jusque là, et l'art. 1198 a été conçu sous l'influence d'autres idées. Suivant en cela l'intention présumée des parties, les rédacteurs n'ont vu, dans la solidarité, comme nous l'avons dit, qu'un mandat réciproque pour des actes utiles, et l'on ne peut que rendre hommage à l'équité de leur innovation. La théorie du droit romain sur ce point était dominée par l'influence du vieux droit civil de la République, qui, esclave des mots, mesurait la portée du droit sur les expressions sacramentelles dont on se servait pour le former. Or, comme d'après les formules employées, le débiteur avait promis à chacun des créanciers la chose en totalité, la chose en totalité se trouvait en la puissance de chacun d'eux. « La décision de la loi romaine, disait très-bien M. Bigot-Préameneu dans son Exposé des motifs au Corps Législatif, a paru trop favorable à la mauvaise foi. Chaque créancier solidaire a le droit d'exécuter le contrat. La remise de la dette est autre chose que l'exécution; c'est faire un contrat de bienfaisance d'un contrat intéressé. C'est un acte de libéralité personnel à celui qui fait la remise; il ne peut être libéral que de ce qui lui appartient. S'il est bienfaisant envers le débiteur, il ne doit pas être malfaisant envers ses cocréanciers qui, sans la remise entière, auraient eu action contre ce débiteur. Une volonté n'est généreuse que quand elle n'est pas nuisible, et lorsqu'elle a ce dernier caractère, l'équité la repousse, elle en conçoit des soupçons de fraude. » — Ainsi, l'un des créanciers ne peut pas faire remise au préjudice de l'autre, d'où la disposition de l'art. 1198, 2°. « La remise qui n'est faite que par l'un des créanciers solidaires ne libère le débiteur que *pour la part* de ce créancier. » Et quelle part, puisqu'il était créancier du tout? Pour la part qu'il aurait obtenue dans la répartition du bénéfice de l'obligation, le créancier qui en aurait perçu la totalité étant tenu envers chacun des autres du montant de leurs parts respectives.

Passons à la novation. La novation faite par l'un des cocréanciers peut-elle être opposée à l'autre? Dans le droit romain, la question semblait ne devoir donner lieu à aucune difficulté, l'affirmative paraissait être la conséquence naturelle des principes qui régissent la matière, et nous avons vu en effet Venuleius la soutenir, contre un texte assez singulier et presque enigmatique de Paul, avec une autorité propre à la faire prévaloir. En droit français, où le pouvoir de l'un des cocréanciers solidaires a cessé d'être arbitraire, pour se circonscrire dans des limites protectrices des intérêts des autres, la novation opérée par l'un doit rester inefficace à l'égard de l'autre; elle peut être, en effet, par l'abandon des sûretés précédemment stipulées, aussi dangereuse qu'une remise.

Pour le serment, l'art. 1365 est formel. Il n'est pas permis à l'un des cocréanciers de compromettre la créance commune en ayant recours à un mode de preuve aussi périlleux, c'est pourquoi le serment qu'il aura déféré au débiteur ne sera opposable aux autres créanciers que dans la limite de la part qui lui appartenait dans la créance.

Le créancier solidaire ne pourrait pas non plus, au préjudice des autres, renoncer à une hypothèque ou à un cautionnement, actes dangereux qui ne sauraient être renfermés dans son mandat. Mais s'il ne peut faire pire la condition de ses cocréanciers, il peut du moins la rendre meilleure, et c'est là la seconde partie de notre examen. L'art. 1199 en offre tout d'abord un exemple : « Tout acte qui interrompt la prescription à l'égard de l'un des créanciers solidaires profite aux autres créanciers; » ce qui comprend à la fois et la reconnaissance de la dette consentie par le débiteur à l'un des créanciers, et les poursuites dirigées contre lui par l'un des créanciers, ou l'interpellation judiciaire. Il faut se garder d'en conclure que la suspension de la prescription au profit d'un créancier profiterait également aux autres. Cette idée, quoique soutenue par un jurisconsulte éminent, n'a trouvé crédit ni dans la doctrine, ni dans la jurisprudence. La suspension de la prescription constitue une faveur toute spéciale accordée par la loi aux incapables, et elle exerce son influence non pas sur l'obligation en elle-même, mais sur le rapport purement personnel qui lie l'incapable à l'obligation. En sens inverse, nous pensons que le jugement obtenu par l'un des créanciers profite également de plein droit aux autres, et que le débiteur ne peut remettre en question vis-à-vis de ceux-ci ce qui a été jugé avec le premier. Mais la réciproque est-elle vraie, et doit-on dire que, si le créancier poursuivant a été débouté de sa demande, le débiteur pourra argumenter du jugement à l'encontre des autres créanciers? Nous ne croyons pas qu'on puisse le soutenir. Maître absolu de sa part, le créancier n'est plus pour la part de ses cointéressés qu'un simple mandataire, qui ne saurait avoir mission de nuire, par une attaque imprudente ou peut-être mal soutenue, au droit de ses mandants : il ne peut nover à leur détriment, de même il ne peut déduire en jugement l'entière créance sans leur concours (1).

Tous les créanciers solidaires pourront invoquer les sûretés données à l'un d'eux depuis le contrat; la caution, l'hypothèque leur profiteront de plein droit, et, quoiqu'ils n'aient pas manifesté expressément leur volonté de s'en prévaloir, le créancier qui les a obtenues ne pourra plus y renoncer à leur préjudice.

Le décès de l'un des créanciers ne faisant pas cesser la solidarité, le payement sera valablement fait aux héritiers du créancier décédé. Mais comme la solidarité n'implique pas l'indivisibilité, chaque héritier ne pourra recevoir qu'une part de l'entière créance, proportionnée à sa part héréditaire.

Nous n'ajouterons aucun autre développement à cette matière qui n'offre qu'un intérêt purement théorique (et cela se conçoit, puisque la solidarité entre créanciers ne paraît pas présenter d'autre utilité que de faciliter le recouvrement de la créance, en permettant à chacun des intéressés de faire pour la totalité les poursuites qu'il n'aurait pu faire sans cela que pour sa part); aussi, à la différence de la solidarité entre débiteurs, elle ne résulte jamais de plein droit des dispositions de la loi, il faut qu'elle soit écrite dans le titre constitutif de la créance. Du reste, les rédacteurs du Code, à en juger par leur laconisme, semblent n'en avoir parlé que pour ne pas laisser tomber dans l'oubli une matière élaborée dans le

---

(1) Contr., Marcadé, sur l'art. 1198.

Digeste, avec la richesse particulière au génie romain, et qui était passée, sinon dans nos mœurs, du moins dans nos lois, sous les auspices de nos anciens auteurs. En ce point, comme en tous les autres, c'est toujours sur ces bases antiques que s'est élevé l'édifice du droit moderne.

CHAPITRE DEUXIEME.

DE LA SOLIDARITÉ DE LA PART DES DÉBITEURS.

L'art. 1200 du Code Napoléon définit en ces termes la solidarité entre débiteurs : « Il y a solidarité de la part des débiteurs lorsqu'ils sont obligés à une même chose, de manière que chacun puisse être contraint pour la totalité, et que le payement fait par un seul libère les autres envers le créancier. » La première condition pour qu'il y ait solidarité, c'est que les débiteurs se soient obligés à la prestation de la même chose : au point de vue objectif, il n'y a qu'une obligation, il n'y en a pas deux ; du moment donc que deux personnes contracteront avec une troisième de manière à être tenues de prestations dissemblables, nous ne pourrons les considérer comme ayant voulu s'obliger solidairement. Comme second principe constitutif de la solidarité, il faut que chacun des débiteurs puisse être contraint pour la totalité, et c'est là d'ailleurs un des caractères les plus saillants de l'obligation dont il s'agit. Et même, ajoute

Pothier (1), il ne suffit pas toujours que chacun des débiteurs soit débiteur de toute la chose, ce qui arrive à l'égard de l'obligation indivisible, quoiqu'elle n'ait pas été contractée solidairement, il faut que chacun des débiteurs, *totum et totaliter debeat*, c'est-à-dire qu'il faut que chacun se soit obligé aussi totalement à la prestation de la chose, que s'il eût seul contracté l'obligation.

Devons-nous ajouter une troisième condition et exiger, pour qu'il y ait solidarité, que l'engagement de tous les débiteurs dérive du même contrat? Ainsi, Primus s'est obligé le 1er janvier à me payer 1,000 fr. à telle époque ; le 1er février, Paul souscrit à son tour l'engagement de me payer les mêmes 1,000 fr. que Primus me doit déjà : comme Primus et Secundus ont été constitués débiteurs successivement et par des actes séparés, doit-on admettre qu'ils sont tenus solidairement? Cette question soulève des divergences d'opinions. Les uns, comme M. Zachariæ (2), enseignent que non-seulement il n'y a pas alors d'obligation solidaire, mais que ce n'est pas même une obligation multiple, et qu'il y a là autant d'obligations uniques et indépendantes qu'il y a d'actes. Les autres, et nous pensons que cette doctrine doit prévaloir, n'exigent pas la simultanéité d'engagements. En effet, quand l'objet que me doit Primus est précisément l'objet que me doit Secundus, et que la prestation que me fera l'un d'eux procurera immédiatement à l'autre sa libération,

---

(1) N° 262, *Traité des Obligations.*
(2) T. II, p. 260.

l'objet ne devant être fourni qu'une fois, il est bien clair qu'il y a là obligation identique quant à la chose due, quoique multiple et distincte quant aux personnes. Maintenant dans quelle classe ranger cette obligation multiple? Ce n'est pas une obligation simplement conjointe, puisque l'obligation se rapporte tout entière et sans partage à chacun des débiteurs, c'est donc une obligation solidaire. M. Zachariæ invoque la loi 12, *De duobus reis;* mais qu'il y prenne garde, quelques nombreux que soient les emprunts que notre législation actuelle ait faits à la législation romaine, il faut avoir bien soin de tracer une ligne de démarcation entre ce qui existe et ce qui a cessé d'être la règle des intérêts modernes. Or, à ce point de vue, la décision de Venuleius n'est d'aucun poids dans la discussion, elle n'a plus chez nous d'application possible. Le jurisconsulte supposant un contrat *verbis*, applique à l'obligation corréale que les parties ont en vue de créer, le principe général qui, relativement à toute stipulation, est posé par lui, dans un autre texte, en ces termes ; « Continuus actus stipu- « lantis et promittentis esse debet (1). » Donc, si un stipulant interroge deux personnes et que, l'une répondant au moment même, l'autre ne vienne répondre que le lendemain ou qu'après avoir expédié une autre affaire, une obligation corréale ne s'ensuivra pas, et la demande adressée au retardataire sera considérée comme non avenue. La loi romaine ne prêterait donc en tout cas à M. Zachariæ qu'un secours bien éphémère, car il est

---

(1) L. 137, pr. *De verb. oblig.*

obligé d'en répudier la décision finale, consistant à dire que le second promettant n'est point obligé, puisqu'il reconnaît qu'il l'est effectivement chez nous. Eh bien! la première partie est tout aussi étrangère à notre droit, elle se rattache au caractère rigoureux qu'avait à Rome le contrat verbal, comme d'ailleurs toutes les formes d'obligation venues de l'antique droit civil. Chez nous, où le droit a secoué le joug des formules, nous admettrons, et en toute conviction, qu'un rapport de solidarité peut exister entre les deux personnes qui se sont ainsi obligées avec intervalle et par des actes séparés (1). Mais, suivant une distinction que nous aurons à proposer plus tard, ce n'est pas ici la solidarité parfaite, celle qui résulte des dispositions du Code et qui a pour effet de rendre les codébiteurs représentants les uns des autres; loin de là, les codébiteurs, dans l'exemple proposé plus haut, ne se connaissent pas, et peut-être même est-ce à l'insu du premier que le second a accédé à la même dette. Du reste, la solidarité parfaite a aussi en pareille occurrence des applications possibles. Il suffit pour cela que le second obligé se soit concerté avec le premier, et qu'ils aient formé entre eux ou du moins qu'ils soient censés avoir formé une sorte de société en acceptant la solidarité d'un commun accord.

S'il est de toute nécessité pour qu'il y ait obligation solidaire, que les débiteurs soient obligés à la même chose, il n'est pas indispensable qu'ils soient obligés de la même manière et sous des modalités identiques. « L'ob-

_____

(1) V. en ce sens M. Marcadé sur l'art. 1201.

ligation peut être solidaire, porte l'art. 1201, quoique l'un des débiteurs soit obligé différemment de l'autre au payement de la même chose, par exemple, si l'un n'est obligé que conditionnellement, tandis que l'engagement de l'autre est pur et simple, ou si l'un a pris un terme qui n'est pas accordé à l'autre. » C'est toujours l'application pure et simple de cette idée que nous avons déjà tant de fois exprimée, à savoir qu'au point de vue subjectif, il y a autant de liens que de débiteurs.

L'incapacité de l'un des débiteurs n'empêche pas non plus l'obligation d'être solidaire ; ce principe appartenait déjà au droit romain. Sans doute les codébiteurs vont se trouver dans une position plus dure que celle qu'ils auraient eue si les choses s'étaient passées conformément à leur attente ; mais, ce qui est décisif, leur engagement n'avait rien de conditionnel, ils ne l'avaient pas subordonné à la validité de l'obligation contractée par leur corré, par conséquent ils ne pourront pas exciper de l'incapacité de ce dernier.

L'obligation solidaire et l'obligation indivisible ont entre elles un point de contact : dans l'une comme dans l'autre, chacun des débiteurs est tenu pour le total (art. 1200 et art. 1222). Mais une obligation solidaire n'est pas pour cela indivisible, et réciproquement, l'indivisibilité n'emporte pas la solidarité. (Art. 1219.)

Nous allons mettre en regard et opposer l'une à l'autre ces deux qualités qui affectent chacune d'une façon particulière la nature des obligations.

I. La première différence entre la solidarité et l'indivisibilité, la différence capitale, est exprimée ainsi par Dumoulin : « L'indivisibilité *realis est* » est réelle, tient à la nature même de la prestation, soit que la division détruirait l'idée du tout, en ce sens que les parties ne seraient plus identiques avec elles-mêmes et avec le tout, soit que la division laisserait bien subsister des parties identiques, mais avec une diminution de valeur ou d'utilité dans le tout. L'indivisibilité passe en sa qualité de réelle aux héritiers du créancier et contre les héritiers du débiteur, *et transit ad heredes vel contra heredes*. La solidarité, au contraire, « *conventionalis est* », elle est conventionnelle, elle a pour cause la volonté des parties qui s'est fixée en ce sens, *nec transit ad heredes, nec contra heredes*. Toutefois, il n'est pas indifférent pour les héritiers que leur auteur ait été débiteur solidaire ou simple débiteur conjoint, car, dans le premier cas, c'est sur la totalité, dans le second, c'est sur une fraction seulement de la dette que porte la division.

II. En matière d'obligation solidaire, l'acte interruptif de prescription dirigé contre un seul de plusieurs héritiers de l'un des débiteurs primitifs, n'interrompra pas la prescription à l'égard des autres cohéritiers, et ne l'interrompra à l'égard des débiteurs primitifs survivants que pour la part dont le cohéritier interpellé est tenu dans la dette maintenant divisée de son auteur. L'acte interruptif n'a donc ici qu'un effet restreint et quant aux choses, et quant aux personnes. Au contraire, dans le cas d'obligation indivisible, l'acte interruptif, quoique dirigé contre un seul des héritiers de l'un des débiteurs primitifs, aura un effet complet et à l'égard de tous. (Art. 2249.)

III. Si la dette solidaire est d'un corps certain, et si ce corps certain vient à périr par la faute ou pendant la demeure de l'un ou de plusieurs des débiteurs solidaires, d'après la doctrine consacrée par le Code, et qui sera plus tard l'objet d'un examen approfondi, le fait ou la négligence de l'un, perpétue l'obligation à l'égard des autres. Au contraire, si la dette est indivisible, le fait ou la négligence de l'un des débiteurs sera, par rapport aux autres, le fait d'un étranger dont ils n'ont pas garanti l'action ou l'inaction, et par conséquent un cas fortuit, qui ouvrira en leur faveur le moyen de libération de l'art. 1302. Tel est du moins notre sentiment. (Arg. *a contrario* de l'art. 1232.)

IV. Le débiteur solidaire, actionné par le créancier pour la totalité de l'obligation, ne serait pas recevable à lui opposer une exception dilatoire pour mettre ses codébiteurs en cause. Au contraire, quand j'agis contre une des personnes tenues envers moi d'une obligation indivisible, elle peut demander un délai pour appeler ses coobligés en garantie (Art. 1225). Et ces dispositions se rattachent à la nature des choses. Le débiteur solidaire est obligé au payement du total par sa promesse, et quand je lui demande plus tard l'entière dette, je ne lui demande que ce qu'il me doit d'après la disposition même de l'engagement auquel il s'est soumis. Au contraire, l'un des débiteurs d'une obligation indivisible ne doit le tout que *ex necessitate*, parce qu'il ne peut devoir de parties dans une chose qui n'a pas de parties. Mais, comme ce n'est ainsi qu'à raison de la nature de la chose ou du fait qui est la matière de l'obligation que chaque débiteur doit le tout, il s'ensuit que si celui qui est attaqué n'est pas le seul qui puisse exécuter l'engagement, il pourra, et sans qu'on puisse argumenter contre lui d'une contravention à sa promesse, faire intervenir ses codébiteurs dans l'instance, de façon à ce que la condamnation soit prononcée contre tous.

V. Le créancier fait remise de la dette à l'un des débiteurs solidaires; cette remise diminue effectivement la dette solidaire. Au contraire, si l'un des créanciers d'une dette indivisible fait remise de la dette au débiteur, les autres créanciers n'en pourront pas moins demander la chose indivisible pour la totalité (il ne saurait d'ailleurs en être autrement), en tenant compte toutefois de la valeur de la portion du cocréancier qui a fait la remise (1).

Lorsque les faits desquels résulte l'obligation se rapportent, du côté du débiteur, non pas à une seule personne, mais à plusieurs en même temps, il faut admettre comme règle que l'obligation qui est une en apparence, se décompose au moyen d'un simple calcul, en autant d'obligations isolées et indépendantes les unes des autres, qu'il y a de personnes du côté passif de l'obligation; et si, à titre d'exception, la volonté des parties intéressées peut établir un rapport de droit différent, il faut, comme en matière de solidarité entre les créanciers, que les juges, chargés de l'interprétation de l'acte, voient dans son contexte la manifestation expresse de l'intention d'établir ce rapport. Dans l'ancien droit romain, c'était la manière dont la stipulation avait été conçue qui indiquait s'il y avait ou non solidarité. Dans la suite, les formalités rigoureuses et les rites sacramentels des premières époques, cédant sous l'influence du temps et

_____

(1) M. Bugnet, Cours du 13 juin 1860.

d'une civilisation progressive, la distinction devint plus malaisée, surtout quand l'empereur Léon, par sa célèbre constitution de l'an 469, affranchissant à jamais la volonté du poids des chaînes antiques, eût abrogé la solennité des paroles. La manière plus vague dont la demande et la réponse purent alors être conçues dut faire douter souvent si les parties avaient promis conjointement ou si elles avaient entendu s'obliger solidairement. Quoi qu'il en soit, comme la solidarité, après tout, est un lien fort rigoureux, il a toujours été de règle chez nous qu'elle devait être clairement exprimée. Cette idée, nous l'apercevons déjà dans les œuvres de Dumoulin : « Oportet, « écrivait-il, expresse constare, aut saltem certis quam- « vis tacitis argumentis actum esse duos vel plures esse « correos; alias remanent in simplicibus reis, etiamsi « in solidum juxta naturam obligationis teneantur etiam « eorum heredes. Non ergo sunt correi, nisi hoc actum « appareat, et in dubio præsumitur quod est minus (1). »

Pothier disait aussi : « Régulièrement la solidarité doit être exprimée; sinon, lorsque plusieurs ont contracté une obligation envers quelqu'un, ils ne sont présumés ne l'avoir contractée chacun que pour leur part. La raison est que l'interprétation des obligations se fait, dans le doute, en faveur du débiteur (2). »

Le Code Napoléon est resté fidèle aux anciens principes : « La solidarité, dispose l'art. 1202, ne se présume pas; il faut qu'elle soit expressément stipulée. Cette règle ne cesse que dans le cas où la solidarité a

---

(1) V. le *Traité Dividu et Individu*, 3 pars, n° 151.
(2) *Traité des Obligations*, n° 265.

lieu de plein droit, en vertu d'une disposition de la loi, »
La solidarité n'est donc pas toujours conventionnelle ; il
y a des cas où elle est établie *auctoritate legis;* nos lois
en offrent de nombreux exemples : nous étudierons plus
tard les plus importants.

Il n'est pas nécessaire, au surplus, pour établir la solidarité conventionnelle, d'employer les mots *solidairement, solidaire;* et si notre article, comme l'art. 1197,
exige que la stipulation de solidarité soit faite expressément, il ne demande pas qu'elle soit exprimée d'une
manière technique et spéciale. Ainsi, par exemple, nous
admettrons, malgré l'avis contraire de Dumoulin, que la
solidarité sera exprimée d'une manière suffisante quand
on aura dit que les parties s'obligent *chacune pour le
tout.* Mais toutes les fois qu'une clause peut s'entendre
dans un sens exclusif de la solidarité, c'est évidemment
à ce dernier sens qu'il faut s'en tenir. Nous avons, dans
Pothier, une application remarquable de ce principe :
« Dans l'espèce d'un héritage qui appartenait à quatre
propriétaires, trois l'ayant vendu solidairement et ayant
promis de faire ratifier la vente par le quatrième propriétaire, il a été jugé que le quatrième, en ratifiant, n'é-
tait pas censé avoir vendu solidairement, parce que les
trois autres avaient bien promis pour lui qu'il accéderait
au contrat de vente, mais il n'était pas exprimé qu'il y
accéderait solidairement (1). »

Nous venons de voir comment s'établit la solidarité;

---

(1) *Traité des Obligations,* n° 265.

nous arrivons maintenant à l'examen de ses effets dans les rapports du créancier avec les débiteurs.

Dans les principes ci-dessus mentionnés du droit romain, le créancier d'une obligation solidaire pouvait demander le payement de l'entière dette à celui des corrés qu'il lui plaisait de choisir. De même, les fidéjusseurs tenus en dehors des dispositions de la loi Furia étaient restés sous la règle commune des stipulations. Si donc ils étaient plusieurs pour une même créance, à moins qu'ils n'eussent fait seulement une promesse pour partie, ils étaient obligés, chacun pour la totalité, *singuli in solidum*, sans même que cela eût été exprimé, parce que tel était le résultat naturel de leur mode de s'obliger. L'empereur Adrien vint enfin à leur secours et leur accorda le droit de demander la division de l'action du créancier, et de contraindre celui-ci à ne poursuivre chacun des fidéjusseurs solvables lors de la *litis contestatio* que pour une part virile, avantage que l'on nomme communément, dans la jurisprudence, le bénéfice de division. Ce bénéfice, nous l'avons vu, fut ensuite étendu, et en particulier, à ceux qui avaient répondu pour la dette d'autrui; comme à ceux sur le mandat desquels on avait prêté de l'argent à quelqu'un, et ceux qui avaient promis par pacte de constitut de payer ce qu'un autre devait. Mais il ne compétait point aux corrés, et nous avons essayé de montrer, contre la majorité, il est vrai, des interprètes, que la Novelle 99 n'avait point modifié ce point de droit. Dans l'ancienne jurisprudence française, la renonciation au bénéfice de division était devenue de style dans tous les actes portant solidarité, comme le témoigne Bretonnier sur Henrys (1). Ajoutons que déjà les auteurs les plus autorisés estimaient même que cette renonciation était superflue, le bénéfice de division étant contraire à l'essence de la solidarité ; que d'ailleurs la Novelle avait été mal entendue et que les docteurs avaient eu tort d'en faire dériver ce bénéfice en faveur des codébiteurs principaux solidaires. Pothier, dans son *Traité des Obligations*, entend bien la Novelle conformément à l'interprétation commune, mais il ajoute immédiatement ces paroles bien remarquables : « Je ne vois pas qu'on la suive parmi nous. On n'accorde au débiteur solidaire qui est poursuivi pour le total, d'autre bénéfice que celui de pouvoir requérir la subrogation ou cession des actions du créancier contre ses codébiteurs solidaires. »

Dans notre droit actuel, il est certain que les débiteurs solidaires ne peuvent invoquer le bénéfice de division, et que le créancier peut s'adresser à celui des débiteurs qu'il veut choisir et exiger de lui le total de la dette. Telle est la disposition formelle de l'art. 1203. Ce bénéfice aujourd'hui appartient seulement aux diverses cautions d'un même débiteur pour une même dette, si toutefois encore elles n'y ont pas renoncé. (Art. 2026.)

Considérant sans doute les constatations judiciaires comme très-fâcheuses, les jurisconsultes de Rome avaient admis qu'une obligation ne pouvait produire qu'une seule demande en justice, après laquelle le droit était consommé. D'après ces principes, le droit du créancier

---

(1) T. II, § 419.

contre plusieurs *rei promittendi* s'épuisait par le choix
qu'il faisait de l'un d'eux en lui demandant le payement
de la dette, *petitione debiti*. Il en était encore de même
en matière de fidéjussion ; le choix que le créancier faisait du débiteur libérait le fidéjusseur. Toutes ces règles
d'ailleurs nous sont déjà connues et ont été l'objet de
développements étendus. Justinien, par sa fameuse Con-
stition de l'an 531, qui forme au Code la loi 28, *De fidejussoribus*, renversa cet échafaudage de règles étroites
pour reconstruire à neuf, sur les bases d'un droit plus
large, une théorie que le Code n'a fait que consacrer. Il
y décide que, soit qu'il s'agisse de corrés proprement
dits, soit qu'il s'agisse de débiteur et de fidéjusseur, le
droit du créancier contre les autres obligés principaux
ou contre le fidéjusseur, ne s'éteindra plus par la simple
demande formée contre l'un d'eux, mais bien par une
satisfaction réelle. L'art. 1204, reproduisant la même
règle, dispose « que les poursuites faites contre l'un des
débiteurs n'empêchent pas le créancier d'en exercer de
pareilles contre les autres. »

L'objet de l'obligation solidaire peut être un corps
certain, et ce corps certain peut périr avant l'exécution de l'obligation. S'il périt par cas fortuit, aucun
des débiteurs n'étant en demeure, les débiteurs sont libérés (art. 1302). « Communem et incertum casum vi-
« tare nemo potest, » dit très-bien Cicéron (1). Mais le
corps certain a péri par la faute ou depuis la mise en demeure de l'un des débiteurs, *quid juris?*

---

(1) Ep. I., 8. c. 17.

Le Code met les deux cas sur la même ligne. Il est assez difficile de justifier philosophiquement cette assimilation, disons donc, avant tout, quelle est l'origine de notre art. 1205. Il reproduit une opinion émise par Dumoulin, patronné par Pothier, pour concilier deux lois romaines qui leur avaient paru se combattre. La première, qui forme au Digeste la loi 18, *De Duobus Reis*, est ainsi conçue : « Ex duobus reis ejusdem Stichi pro-« mittendi factis, alterius factum alteri quoque nocet. » La seconde est la loi 32, par. 1, *De Usuris :* « Si duo rei « promittendi sint, alterius mora alteri non nocet. » Ces textes semblent n'avoir besoin d'aucun commentaire ; on se demande quels termes auraient pu employer les jurisconsultes pour exprimer plus clairement l'idée qu'il ne faut pas mettre sur la même ligne, au point de vue des effets qui en résultent, la *mora* et le *factum* des débiteurs. Néanmoins, Dumoulin n'a pas voulu se rendre à l'évidence, et il a soutenu sérieusement que la mise en demeure de l'un des *rei* avait relativement à l'autre la même portée que sa *culpa in committendo*. Il s'agissait alors de faire disparaître l'apparente antinomie des deux textes, et voici, à cet égard, une analyse sommaire du système que Dumoulin a accrédité dans la science.

Le fait de l'un des débiteurs *alteri nocet*, préjudicie à ses codébiteurs, *ad conservandam et perpetuandam obligationem*, c'est-à-dire à l'effet qu'ils ne soient pas déchargés de leur obligation par la perte de la chose, mais il n'en augmente pas l'étendue. Maintenant, la demeure des débiteurs *alteri non nocet*, mais *non nocet ad augendam obligationem*, c'est ainsi qu'il faut compléter la disposition de la loi 32, *de Usuris*, la demeure de l'un des débiteurs ne nuira pas à l'autre, en ce sens aussi que si, d'une part, l'obligation, il est vrai, est conservée à son égard, du moins, d'autre part, elle n'est pas aggravée. Et alors, on le voit, les décisions des deux lois sont parfaitement concordantes ; dans le cas de faute comme dans le cas de demeure de l'un des débiteurs, ce dernier « nocet consorti, ut teneatur qui non fuit in culpa nec « mora in solidum, sed ad communem æstimationem « tantum….. ita ut insons non consequatur lucrum ex « culpa vel mora consortis, sed etiam ne consequatur « dammum. » Ainsi, dans les deux cas, le débiteur étranger à la faute ou à la mise en demeure restera tenu « in solidum usque ad metas et æstimationem obliga- « tionis principalis, » mais comme son obligation ne s'accroît pas, et cette idée correspond au *non nocet*, il ne devra pas l'entier dommage causé par l'autre et ne pourra point être tenu des dommages-intérêts qui excèdent le montant de l'obligation primitive « quoad acces- « siones, sive usurarias, sive quanti plurimi vel interesse « extrinseci. » (1) Considéré comme interprétation des lois romaines, ce système, nous l'avons dit, nous semble sans valeur ; et, d'un autre côté, si nous l'apprécions en lui-même, il ne nous paraît pas équitable. Que le corré soit tenu du fait de son corré, c'est justice, pourquoi en effet s'être associé avec un homme dont le dol était à prévoir ? Chacun des corrés est censé promettre et garantir le fait de l'autre, aussi nous ne trouverions pas exorbitant qu'il fût tenu même de la respon-

---

(1) *Tract. de div. et indiv…*, pars. III, nos 126 et 127.

sabilité indéfinie qu'entraine son dol, et tel est d'ailleurs le sentiment de M. de Savigny, dans son Cours de droit romain. (1) Au contraire, la *mora* est quelque chose de personnel. De ce que le créancier a fait l'acte nécessaire pour la mise en demeure à l'encontre d'un seul débiteur et non à l'encontre des autres, on doit conclure qu'il tenait seulement à mettre en demeure ce débiteur là, et à renforcer son obligation particulière, ce qui ne doit avoir aucune influence sur l'engagement des autres obligés. De deux choses l'une : ou l'obligation solidaire était également échue pour les deux débiteurs, et alors le créancier a eu tort de ne pas les interpeller tous les deux, ou l'échéance n'était pas encore arrivée pour l'un d'eux, et alors il semble étrange que ce dernier puisse être en demeure avant de pouvoir être poursuivi. Nous ne trouvons pas non plus satisfaisant le motif que Dumoulin met en avant pour le soutien de son argumentation, en disant que de cette manière le corré innocent ne souffrira ni ne profitera jamais de la faute de son corré. Il n'en profitera jamais, cela est vrai, mais n'en souffrira-t-il jamais? Evidemment il pourra en souffrir, et pour cela nous n'avons qu'à supposer que le corps certain lui appartenait en tout ou en partie. Le motif invoqué n'est donc pas toujours applicable. Cujas ne s'y est pas mépris ; il a parfaitement aperçu que les jurisconsultes romains, d'accord avec les principes bien entendus d'équité, traitaient diversement, en matière d'obligation corréale, le cas où l'un des débiteurs est mis en de-

---

meure et le cas où il commet une faute *in faciendo*. Se conformant à leur doctrine nettement formulée encore dans la loi 173, par. 2, *De Regulis Juris*, il ne s'est pas exposé à la contredire en la portant sur le terrain des conjectures hasardées. Voici ce que nous lisons dans son Commentaire de la loi 9, par. 1, *De Duobus Reis* : « Mora
« personæ cohæret, mora fit in persona tantum. Et ideo
« mora unius ex reis promittendi non nocet alteri. Et is
« qui moram non facit, liberatur re promissa naturaliter
« extincta, etiamsi correus fecerit, et solus correus
« obligatus manet. At si hominem promissum unus ex
« reis occiderit, quod factum interpretes etiam moram
« appellant male (separatur enim mora a facto hujus-
« modi, a delicto hujusmodi), non liberatur alter, qui
« non occidit. »

Les rédacteurs du Code Napoléon ont trouvé devant eux la doctrine de Dumoulin, récemment encore popularisée en France par Pothier, et ils l'ont prise comme point de départ de leurs décisions : « Si la chose due a péri par la faute ou pendant la demeure de l'un ou de plusieurs des débiteurs solidaires, les autres codébiteurs ne sont point déchargés de l'obligation de payer le prix de la chose; mais ceux-ci ne sont point tenus des dommages et intérêts. — Le créancier peut seulement répéter les dommages et intérêts, tant contre les débiteurs, par la faute desquels la chose a péri, que contre ceux qui étaient en demeure. » La première disposition de notre art. 1205 doit être entendue sous la restriction apportée par l'art. 1302, c'est-à-dire que lors même que l'un des obligés serait en demeure, il serait néanmoins déchargé de l'obligation de payer le prix de la chose périe, et *a fortiori* ses codébiteurs, dans le cas où il prouverait que la chose fût également périe chez le créancier, en supposant qu'elle lui eût été livrée.

Enfin, la seconde disposition, relativement aux dommages et intérêts, ne doit pas être étendue au cas où une peine aurait été formellement stipulée en vue de l'inexécution de l'obligation principale. Dans ce cas, le débiteur *insons* lui-même doit ces entiers dommages, parce qu'il était libre d'assumer la responsabilité résultant de la faute de son codébiteur, et qu'il est réputé l'avoir fait, quand les dommages ont été évalués dans le contrat. Du reste, il n'y a pas encore, en se plaçant à ce point de vue, augmentation de l'obligation consentie ; la peine avait été stipulée comme une condition dont l'accomplissement fait produire maintenant à l'obligation secondaire tous les effets qu'elle peut produire, et contre chacun de ceux qui l'ont contractée : « Hoc casu insons magis ad pœnam « tenetur ex conditione stipulationis quæ exstat, tan- « quam ex causa propinqua et immediata, quam ex facto « consortis (1). »

Si c'était par le fait ou pendant la demeure de l'un des héritiers d'un débiteur primitif obligé solidairement, que la chose fût périe, ses cohéritiers seraient libérés, car, comme ils n'étaient plus avec le contrevenant en relation de solidarité, ce dernier était donc par rapport à eux un étranger dont ils ne garantissaient point le fait ; par conséquent, vis-à-vis d'eux, il y a cas fortuit opérant libération. Quant au contrevenant lui-même, il ne doit

---

(1) Dumoulin, *op. cit.*

le prix de la chose que pour sa part en qualité d'héritier, et, s'il peut être contraint à la prestation du surplus, c'est *propter culpam aut moram suam*. Et cette distinction n'est pas purement théorique, elle a, pratiquement, un haut intérêt. En effet, les autres débiteurs primitifs survivants ne sont tenus que jusqu'à concurrence de la part dont est tenu l'héritier, en tant qu'héritier; le reste est chose étrangère à leur obligation, car ils ne répondaient du fait du contrevenant que par rapport à la part pour laquelle ce contrevenant représente leur codébiteur. Ces principes seront peut-être accusés de subtilité, mais ils sont incontestables.

On cite souvent comme contraire à la doctrine générale de l'art. 1205, la disposition de l'art. 1207 ainsi conçue: « La demande d'intérêts formée contre l'un des débiteurs solidaires fait courir les intérêts à l'égard de tous. » Et voici comment on a coutume de formuler l'objection: — Quand il s'agit de sommes d'argent, les dommages-intérêts résultant du retard consistent dans la condamnation aux intérêts fixés par la loi; or la demeure de l'un des débiteurs ne rend pas ses codébiteurs passibles de dommages-intérêts; toutes ces données sont certaines, et cependant notre article dispose que la demande formée contre l'un des débiteurs fait courir les intérêts contre tous, et les intérêts d'une somme, ce sont des dommages et intérêts! L'antinomie est flagrante! D'après la doctrine de Dumoulin et l'art. 1205, les intérêts n'ayant pas été d'ailleurs stipulés d'avance à titre de peine, la mise en demeure de l'un des corrés ne devrait pas les faire courir contre les autres. — A cela nous ferons cette réponse péremptoire: on peut dire qu'il y a une clause pénale tacite, résultant de la loi qui détermine *a priori* le taux des intérêts moratoires, en sorte que leur dette, quand elle vient à se réaliser, n'excède pas les limites de la convention primitive. Nous n'oserions cependant pas affirmer que les rédacteurs aient été préoccupés de cette considération quand ils ont écrit l'art. 1205.

Aux termes de l'art. 1206, les poursuites dirigées contre un seul des débiteurs solidaires arrêtent aussi bien la prescription contre les autres que contre lui-même. Il en serait de même de sa reconnaissance de la dette. Ces principes n'offrent aucune difficulté.

La deuxième partie de ce chapitre va être consacrée à l'examen des exceptions qu'un débiteur solidaire, quand il est actionné, peut opposer au créancier. Nous entendons ici par exceptions tous les moyens propres à combattre, à repousser la prétention du demandeur. L'article 1208 les indique en ces termes : « Le codébiteur solidaire poursuivi par le créancier peut opposer toutes les exceptions qui résultent de la nature de l'obligation, et toutes celles qui lui sont personnelles, ainsi que celles qui sont communes à tous les codébiteurs. — Il ne peut opposer les exceptions qui sont purement personnelles à quelques-uns des autres codébiteurs. »

Le débiteur solidaire peut donc opposer au créancier trois sortes d'exceptions. Du reste, hâtons-nous de le dire, cette division tripartite des moyens de défense est loin d'être rigoureuse, et les exceptions de la première catégorie ont avec les exceptions de la troisième des affinités qui rendent souvent la ligne de démarcation malaisée à apercevoir.

I. En premier lieu, le codébiteur solidaire *peut opposer toutes les exceptions* QUI RÉSULTENT DE LA NATURE DE L'OBLIGATION, c'est-à-dire de son essence propre, de sa raison d'être, de son caractère particulier; ainsi, par exemple, s'agit-il d'un contrat d'échange, chacun des coéchangistes solidaires, pour se dispenser de livrer la chose promise en échange, peut opposer que le coéchangiste n'était pas propriétaire de la chose par lui remise en contre-échange, et lui offrir la restitution de cette dernière. C'est là, à n'en pas douter, une exception tirée de la nature spéciale du contrat intervenu entre les parties.

II. En second lieu, le codébiteur actionné *peut opposer les exceptions* QUI LUI SONT PERSONNELLES. Ce sont celles qui affectent le rapport spécial qui le lie à l'obligation. Dans le cas, par exemple, d'une condition ou d'un terme stipulé exclusivement à son profit, il peut opposer que la condition ne s'est pas accomplie ou que le terme n'est pas échu. Il peut en outre opposer sa minorité, son interdiction, l'erreur dans laquelle il serait tombé, la violence ou le dol pratiqué à son égard, et, s'il s'agit d'une femme mariée, le défaut d'autorisation maritale.

III. En troisième lieu, chacun des débiteurs solidaires *peut opposer les exceptions* COMMUNES A TOUS LES CODÉBITEURS. Ces exceptions communes se déduisent tantôt des vices primitifs de l'obligation en elle-même, tantôt de causes postérieures d'extinction de la dette. Les premières consistent, par exemple, à soutenir que l'obligation est nulle, soit parce qu'elle manque de cause ou d'objet, soit parce que sa cause est illicite, soit enfin parce que les formalités nécessaires à sa validité n'ont pas été observées. Les secondes résultant de circonstances postérieures à l'obligation sont encore plus nombreuses et demandent un examen approfondi.

Chacun des débiteurs peut se prévaloir d'abord du payement effectif, ou reçu par le créancier, ou résultant d'offres réelles suivies de consignation ; d'une dation en payement, opération à caractère complexe, qui doit être considérée comme un équivalent du payement, puisque, après tout, elle se compose d'une vente de la chose pour une somme égale à l'ancienne dette d'argent, et du payement de la dette par compensation avec le prix de vente.

Les effets de la novation sur le rapport de solidarité sont indiqués dans l'art. 1281, en ces termes : « Par la novation faite entre le créancier et l'un des débiteurs solidaires, les codébiteurs sont libérés. » La novation est donc, elle aussi, un véritable équivalent du payement ; c'est l'extinction de la dette primitive par la substitution d'une nouvelle dette ; elle a, à ce point de vue, absolument le même caractère que la dation en payement, et par suite chacun des coobligés pourra opposer l'extinction de l'ancienne dette. Ce principe est d'une vérité incontestable.

Si le créancier, pour consentir à cette modification de son droit, a exigé l'accession des codébiteurs, l'ancienne créance subsiste, si les codébiteurs refusent d'accéder au nouvel arrangement. Cette réserve du créancier doit être faite au moment de la novation ; plus tard, elle serait inopérante. Mais supposons cette réserve faite en temps utile, l'adhésion consentie des codébiteurs à la nouvelle dette, le créancier qui a exigé cette adhésion des codébiteurs, sera-t-il censé avoir réservé leur adhésion solidaire? Les principes repoussent cette interprétation : la solidarité ne se présume pas, le créancier ne l'a pas stipulée pour la seconde créance, alors qu'il lui était si facile de le faire, on doit difficilement croire qu'il ait voulu la conserver, encore plus difficilement que les débiteurs aient voulu y rester soumis.

Si le créancier qui nove avec l'un des débiteurs n'a pas exigé l'accession des autres coobligés pourra-t-il du moins réserver les priviléges et hypothèques dont leurs biens étaient grevés pour l'exécution de la première obligation? Le texte suivant, qui répond à cette question, mérite une étude attentive; car sa teneur, quelque peu équivoque, provoquerait facilement une erreur : « Lorsque la novation s'opère entre le créancier et l'un des débiteurs solidaires, les priviléges et hypothèques de l'ancienne créance ne peuvent être réservés que sur les biens de celui qui contracte la nouvelle dette » (1). Prise à la lettre et dans son sens général, cette proposition se trouverait dans une contradiction insoluble, non-seulement avec les principes fondamentaux de la matière, mais encore avec les témoignages les plus incontestables. Comme il est certain qu'une personne peut très-bien conférer un gage ou une hypothèque sans s'obliger personnellement, on ne voit pas trop pourquoi le créancier ne pourrait pas, quand l'hypothèque concourt avec l'obligation personnelle d'un codébiteur solidaire, remettre celle-ci et retenir celle-là. Aussi la décision de notre article doit être précisée; elle n'est vraie, c'est-à-dire la

---

(1) Art. 1280.

réserve des hypothèques n'est impossible sur les biens de ceux qui ne contractent pas la nouvelle dette, que quand la novation s'accomplit sans aucune adhésion de ceux-ci, et qu'il n'y a de leur part, ni soumission au nouvel engagement, ni consentement à la conservation des anciennes garanties. Nos rédacteurs ont évidemment voulu reproduire, par l'art. 1280, ce que Pothier disait dans son n° 599 du *Traité des Obligations ;* mais, pour être laconiques, ils se sont rendus obscurs : « Si l'un d'entre plusieurs débiteurs solidaires contracte envers le créancier une nouvelle obligation, et qu'il soit porté par l'acte que les parties ont entendu faire novation de la première dette, *sous la réserve des hypothèques*, cette réserve ne peut avoir d'effet que pour l'hypothèque des biens de ce débiteur qui contracte la nouvelle dette, et non pour les hypothèques des biens de ses codébiteurs, *leurs biens ne pouvant pas être hypothéqués à cette nouvelle dette sans leur consentement.* C'est donc dans le sens de toute absence de concours des débiteurs que doit s'entendre la disposition que nous commentons.

Observons enfin que si la nouvelle créance était plus forte que l'ancienne, le créancier ne serait conservé, quoi qu'il arrive et nonobstant toute clause contraire, dans son rang d'hypothèque, que jusqu'à concurrence de la somme qui lui était due par l'acte ancien, cette translation des hypothèques de l'ancienne créance à la nouvelle ne devant pas être préjudiciable aux créanciers intermédiaires.

La perte de la chose due, lorsqu'il n'y a ni faute, ni mise en demeure de l'un des débiteurs solidaires, con-

stitue aussi une exception commune dont tous les obligés
peuvent également se prévaloir.

De même, la prescription est une exception commune
que tous les débiteurs peuvent invoquer.

L'art. 1365 contient aussi une application remarquable
des principes que nous étudions. Cet article dispose que
le serment déféré à l'un des débiteurs solidaires profite
aux codébiteurs. Mais comme la dette, qui est le principal, peut très-bien exister sans la solidarité, qui est
l'accessoire, le dernier paragraphe ajoute cette restriction bien juste : « Le serment du codébiteur solidaire ne
profite aux autres codébiteurs que lorsqu'il a été déféré
sur la dette, et non sur le fait de la solidarité. »

Nous arrivons maintenant à une exception qui, bien
que tirée d'une cause légitime d'extinction de la dette,
ne profite aux autres codébiteurs que jusqu'à concurrence
de la part de celui à qui elle appartient : « L'un des débiteurs, dit l'art. 1209, devenant héritier unique du
créancier, ou le créancier devenant l'unique héritier de
l'un des débiteurs, la confusion n'éteint la créance solidaire que pour la part et portion du débiteur ou du
créancier. » Cette règle, copiée par les rédacteurs au
n° 276 de Pothier, est encore reproduite dans l'art. 1301
du Code Napoléon. Pothier la justifie en disant que ce
mode d'extinction n'atteint pas tant l'existence de l'obligation en elle-même, que le rapport de cette obligation
avec une personne déterminée, *magis personam debitoris
eximit ab obligatione, quam extinguit obligationem.* Il
n'a donc pas le caractère absolu du payement qui fait
que la chose n'est plus due. Un reproche à faire à notre
article, c'est d'être trop bref, pour ne pas dire incomplet ;

il ne prévoit en effet que le cas où le codébiteur se trouve substitué au créancier, ou le créancier au codébiteur, *pour le tout*, comme héritier *unique*, sans parler du cas non moins fréquent où l'un ne deviendrait que pour partie le représentant de l'autre. Mais ce cas ne peut présenter de difficulté, car il est manifeste que la confusion, quoique moins large, s'opérera toujours d'après les mêmes règles, c'est-à-dire qu'au lieu de s'opérer pour la part entière du débiteur, elle s'opérera pour la moitié, le tiers, le quart, etc., de cette part, suivant que le créancier a succédé à ce débiteur pour une moitié, un tiers, un quart, etc.

Un exemple suffira pour montrer l'application de ces principes.

Soient Primus, Secundus, Tertius et Quartus, quatre débiteurs solidaires de 20,000 fr. Primus meurt, laissant cinq héritiers pour parts égales, au nombre desquels se trouve Titius, le créancier. Deux questions se présentent. En premier lieu, quel va être le droit de Titius contre les trois débiteurs primitifs survivants : Secundus, Tertius et Quartus? Si Titius eût été le représentant unique du débiteur Primus, la confusion se fût opérée pour l'entière part de Primus, c'est-à-dire pour un quart ou 5,000 francs ; Titius eût donc pu demander les trois autres quarts, ou 15,000 fr., à celui de Secundus, de Tertius ou de Quartus, qu'il lui aurait plu de choisir. Maintenant Titius, n'étant héritier du débiteur Primus que pour un cinquième, la confusion, au lieu de se faire en lui pour un quart, comme dans l'espèce précédente, ne se fera que pour le cinquième d'un quart, c'est-à-dire pour un vingtième; il pourra donc demander soit à

Secundus, soit à Tertius, soit à Quartus 19,000 francs.
Or Secundus, actionné paye ces 19,000 francs. Pour qui
les paye-t-il? Il les paye, savoir : 5,000 fr. pour lui, en
l'acquit de sa part dans la dette; par suite, il n'a, à cet
égard, droit à aucun recours ; — 5,000 fr. pour Tertius,
il pourra lui en demander le remboursement ; — 5,000 fr.
pour Quartus, c'est encore une simple avance qu'il fait.
Restent 4,000 francs. En l'acquit de quels débiteurs
a-t-il payé ces 4,000 fr.? Il les a payés en l'acquit des
quatre cohéritiers du créancier solidaire dans la succession de Primus. En effet, après le règlement définitif, la
part de Primus, dans la dette, eût été de 5,000 fr. ;
eh bien! chacun de ses cinq héritiers supportera définitivement 1,000 fr. dans cette dette; or, le créancier, lui,
a acquitté sa part en subissant la confusion pour
1,000 fr. ; pareille somme est maintenant à la charge de
chacun de ses cohéritiers.

En second lieu, quel va être le droit de Titius, si au
lieu de s'adresser à l'un des débiteurs primitifs survivants : Secundus, Tertius ou Quartus, il s'adresse à l'un
de ses cohéritiers dans la succession de Primus? Que
peut-il lui demander? Il lui fera ce raisonnement bien
simple : Notre auteur, Primus, me devait 20,000 fr.; son
obligation s'est répartie entre nous cinq (la solidarité
n'étant pas un obstacle à la division de la dette entre les
héritiers du débiteur solidaire), partant : vous me devez
4,000 fr. Le cohéritier paye ces 4,000 fr. Pour qui les
paye-t-il? Il paye 1,000 fr. pour lui, et par conséquent
sans recours; puis il paye 1,000 fr. en l'acquit de chacun
des débiteurs primitifs survivants avec lesquels il est
encore en relation de solidarité; il pourra donc exiger

que ces derniers l'indemnisent de cette prestation qui, *parte in qua*, a mis fin à leur obligation. Le créancier, en quatre instances, obtient donc ainsi successivement 4,000 fr. de chacun de ses quatre cohéritiers, total 16,000 fr. Mais 19,000 fr. lui sont dus, à qui demandera-t-il de combler le déficit? A Secundus, à Tertius ou à Quartus. En effet, la part contributoire de ces trois débiteurs, dans la dette, est de 5,000 fr.; or, ils n'ont payé, jusqu'à présent, que chacun 4,000 fr., par suite de l'action en recours pour 1,000 fr. exercée par chacun des quatre cohéritiers du créancier; ce dernier pourra donc actionner solidairement celui des obligés primitifs qu'il lui plaira de choisir pour 3,000 fr.; et dès lors il aura obtenu satisfaction entière. Enfin, le débiteur Secundus, par exemple, contraint par l'action solidaire de payer 3,000 fr., réagira pour 1,000 fr. contre Tertius, pour 1,000 fr. contre Quartus. Nous aboutissons au même règlement définitif que dans les premières hypothèses, seulement cette fois-ci, les recours ont été plus nombreux, le chemin plus long (1).

Si l'un des débiteurs solidaires devient l'héritier unique de l'autre, il a, quant aux personnes et au règlement définitif, deux obligations à remplir, *sortitur duas personas*. La confusion n'opère rien dans ce cas, c'est le lieu de répéter, avec le jurisconsulte Venuleius : « Cum « duæ obligationes ejusdem potestatis sint, non potest « reperiri qua altera potius quam alteram consu-« mari (2). »

Le Code paraît avoir fait de la compensation une excep-

---

(1) M. Rugnet, Cours du 23 mai 1860.
(2) L. 13, *in fine* De duob. reis.

tion purement personnelle à celui des débiteurs qui est devenu, de son côté, créancier du créancier. L'art. 1294 contient à cet égard une disposition qui donne lieu à de vives controverses et à de sérieuses difficultés. En voici le texte : « Le débiteur solidaire ne peut pas opposer la compensation de ce que le créancier doit à son codébiteur. » Nous ne croyons pas qu'il soit possible chez nous de donner de cette décision un motif satisfaisant; mais la loi est formelle, et la volonté du législateur nous tiendra lieu de raison. On comprend, en effet, combien cette théorie est contraire aux principes de notre législation où la compensation s'opère de plein droit toutes les fois que les deux dettes étant fongibles entre elles, liquides et actuellement exigibles, le créancier de l'une est vraiment le débiteur de l'autre. Or, dans l'obligation solidaire, la qualité de débiteur existe chez chacun des coobligés; en outre, sous notre système actuel, les rapports étroits qui les unissent, la réciprocité de leurs intérêts font d'eux tous, en quelque sorte, une même personne juridique et, par conséquent, la compensation aurait dû s'accomplir par cela seul que l'un de ces coobligés, n'importe lequel, avait le créancier pour débiteur. Les rédacteurs cependant, sur les observations plus spécieuses que solides du Tribunal, en ont décidé autrement, et ils ont reproduit une règle que Pothier et autres avaient trouvée dans une fausse interprétation du droit romain. Papinien, en la loi 10, *De duobus reis*, disait : « Si duo rei *socii promittendi non sint*, non pro- « derit alteri quod stipulator alteri reo pecuniam de- « bet. » Pothier n'a pas vu que, d'après la nature et les effets des obligations solidaires dans les principes du droit français, ce texte, mieux interprété, admettait la compensation, bien loin de l'exclure. En effet, la décision du jurisconsulte ne s'applique, comme il est formellement exprimé, qu'à l'hypothèse où la dette n'était point une dette de société. Dans ce cas, la créance qui était née au profit d'un des *rei* contre le créancier commun laissait très-bien subsister l'obligation corréale, puisque le créancier, étant libre de demander le tout à celui des débiteurs qu'il lui plaisait de choisir, pouvait s'adresser à l'autre, et par là celui qui avait en sa personne cause de compensation se trouvait désormais étranger à l'obligation, tellement que c'était comme s'il n'y avait jamais eu par rapport à lui la réunion sur la même tête des deux qualités de créancier et de débiteur. Peu lui importait en outre que son corré fût condamné ou absous, qu'il fût condamné à une somme plus forte ou à une somme plus faible, attendu que, comme nous l'avons dit souvent, il n'avait point à craindre un recours de sa part; la loi 62, *ad legem Falcidiam*, analysée, ne laisse aucun doute à cet égard. Mais, lorsque la dette était une dette de société et que les intérêts étaient par là rendus communs, le résultat de l'action du créancier devait être le même, soit qu'il la dirigeât contre celui dont il était devenu le débiteur, soit qu'il la dirigeât contre l'autre, l'associé non poursuivi étant considéré, suivant l'expression de Cujas sur la loi 9, au Code, *de Compensationibus*, comme une seule et même personne avec l'associé poursuivi. En conséquence, comme celui qui avait payé la dette la portait dans son compte et s'en faisait faire raison par son coassocié, le débiteur non poursuivi avait alors intérêt à ce que le débiteur poursuivi opposât la compensation, et celui-ci pouvait effectivement l'opposer du chef de son codébiteur. Or, dans notre droit, où les codébiteurs solidaires ont été assimilés aux *correi socii* romains, en ce sens du moins que le recours a toujours lieu au profit de celui qui a payé la dette, lorsqu'elle n'a pas été contractée uniquement à son profit, le débiteur poursuivi devrait, et pour les raisons susénoncées, pouvoir invoquer la compensation. Cette solution était à la fois commandée et par les vrais principes d'équité et par les besoins pratiques de la vie des affaires, car elle évitait un recours du débiteur poursuivi contre son codébiteur et une action de celui-ci contre le créancier commun.

M. Marcadé essaie de justifier la doctrine qui a prévalu par la considération suivante : Tant que le créancier ne s'adresse à aucun des coobligés, la compensation légale est impossible, car on ignore encore lequel d'entre eux sera définitivement débiteur envers ce créancier. Une fois que le créancier aura formé sa demande et désigné par là l'obligé qu'il entend prendre pour débiteur du total, alors, de deux choses l'une : ou bien l'obligé qui se trouve ainsi désigné est précisément celui envers qui le créancier est débiteur, et il est clair que, dans ce cas, la compensation s'accomplit; ou bien c'est un autre, et alors la compensation n'a pas lieu, comme le déclare notre article, parce que ce n'est pas celui à qui doit le créancier qui se trouve être envers lui le débiteur personnel de la dette solidaire. — Cette raison, que M. Marcadé lui-même qualifie de subtile, n'est qu'apparente. Elle était parfaitement fondée en droit romain, et on pourrait, s'il en était besoin, l'ajouter aux déductions que nous avons déjà présentées et qui expliquent d'une façon si puissante comment, dans l'économie de cette législation, en l'absence de société, « non proderit « alteri quod stipulator alteri reo pecuniam debet. » Mais, en droit français, elle n'a aucune valeur, car le créancier en actionnant l'un de ses deux débiteurs solidaires ne perd pas par là même son action contre l'autre, celui-ci reste donc véritablement toujours débiteur, et s'il existe à son profit une créance réciproque, il cumule sur sa tête les deux qualités que la compensation devrait respectivement éteindre.

Mais si la compensation n'a pas lieu au profit d'un débiteur solidaire pour tout ce qui est dû à son codébiteur par le créancier, aura-t-elle au moins lieu pour la part et portion du codébiteur créancier dans la dette? Nous le croyons, malgré la généralité des termes de l'art. 1294; telle était l'opinion du savant et judicieux Domat, en ses lois civiles; il fait très-bien observer que le codébiteur qui a une créance réciproque ne devant plus cette part dont il était tenu de la dette, au moyen de la compensation à laquelle il a droit, son codébiteur ne doit pas être obligé de payer pour lui cette part dont il est quitte. D'un autre côté, on sait que Pothier a été le principal guide des rédacteurs du Code; or, précisément Pothier, après avoir trouvé l'opinion de Papinien, dont il ne mesurait pas la portée, plus conforme à la subtilité du droit, se range néanmoins, au point de vue de l'utilité pratique, à l'opinion de Domat comme évitant un circuit d'actions. Il donne, en outre, en faveur de l'opinion de Domat, cette raison qui lui semble décisive : « Lorsque Paul m'aura payé pour le total la dette qu'il me doit solidairement avec Pierre, Paul aura recours contre Pierre pour la part dont il était tenu, et pour cette part il saisira entre mes mains ce que je dois à Pierre et me fera rendre, jusqu'à concurrence de cette part, ce que j'aurai reçu. » Ce dernier argument ne prouve rien. De ce que Paul, contraint de payer l'entière dette, aurait le droit, pour assurer son recours, de saisir-arrêter immédiatement entre les mains du créancier ce que celui-ci doit à Pierre, il ne s'ensuit aucunement que Paul puisse se dispenser de payer la dette solidaire jusqu'à concurrence de la part de son codébiteur dans le règlement définitif ; il créerait par là à son profit un privilège à l'encontre des autres créanciers de Pierre, qui est peut-être insolvable, et cela ne doit pas être (1). La solution que nous avons proposée, en tant qu'on voudrait la déduire du dernier principe invoqué par Pothier, n'aurait donc rien de juridique, et si on doit en réalité l'admettre, comme nous le pensons et en toute conviction, c'est qu'elle ressort manifestement et de la théorie de l'art. 1290 en matière de compensation, et encore plus de la nature intime du rapport de solidarité qui cesserait d'être lui-même si un des débiteurs ayant une exception portant sur l'objet même de l'obligation, *in rem*, puisqu'elle éteint la dette pour sa part, cette exception ne pouvait servir aux autres pour la même part. Mentionnons enfin, au point de vue pratique, la *ratio utilitatis*.

Hâtons-nous de dire que si la compensation a déjà été produite et reconnue comme moyen effectif de payement, résultat qui peut se produire aussi bien par un règle-

---

(1) V. M. Demangeat, *De duobus reis*, page 180, notes.

ment de compte volontaire entre créancier et débiteur, qu'à la suite d'une procédure, par l'effet d'un jugement donnant congé à l'un des codébiteurs qui a opposé de son chef la compensation au créancier, la dette se trouve désormais éteinte par rapport à tous, ou jusqu'à due concurrence, par ce moyen équipollent alors au payement. Et qu'on ne vienne pas dire que le codébiteur, qui serait poursuivi plus tard au mépris de ces règles, oppose la compensation du chef de son codébiteur, contre la disposition de l'art. 1294, car il ne fait qu'invoquer l'anéantissement de la dette, résultant de la compensation opérée par la loi et opposée par un défendeur qui avait incontestablement le droit de l'opposer, puisque la cause était en sa personne.

Il nous faut encore examiner un deuxième cas d'application du principe général formulé dans l'art. 1208, d'après lequel chacun des débiteurs peut opposer les exceptions communes, ce dernier cas se réfère au pacte de remise. Suivant l'art. 1285, « la remise ou décharge conventionnelle au profit de l'un des codébiteurs solidaires, libère tous les autres, à moins que le créancier n'ait expressément réservé ses droits contre ces derniers. — Dans ce dernier cas, il ne peut plus répéter la dette que déduction faite de la part de celui auquel il a fait la remise. »—La loi présume faite à tous la remise de la dette consentie à l'un des débiteurs solidaires, si donc le créancier ne veut pas renoncer absolument à sa créance et n'entend faire qu'une remise relative, c'est à lui à s'en expliquer formellement par une réserve expresse de son droit contre les autres obligés. Dans ce dernier cas, c'est à dire si le créancier a déclaré renoncer à sa créance dans l'intérêt de l'un des débiteurs seulement, cette remise est personnelle au débiteur déchargé. Elle profite cependant à ses codébiteurs jusqu'à concurrence de la part qu'il doit supporter dans la dette, autrement elle serait inefficace même à son égard puisque le payement de l'entière dette par ses corrés l'exposerait à leur recours.

Mais quelle est cette part dont l'entière dette va être diminuée? Est-ce la part apparente, la part virile, c'est à dire celle qui est déterminée eu égard au nombre des débiteurs, *pro numero virorum*, ou bien la part réelle, c'est à dire celle qui est déterminée eu égard à l'intérêt effectif qu'avait dans la dette le débiteur déchargé? Nous croyons que c'est la part virile qui doit être déduite. En effet, le créancier est tout à fait étranger aux stipulations particulières qui régissent les rapports des débiteurs entre eux; tous les obligés sont, vis-à-vis de lui, des obligés principaux qui apparaissent avec un intérêt égal dans la dette. Cependant, nous ne voudrions pas dénier toute influence aux circonstances de fait. Si le créancier avait connaissance de la position respective des codébiteurs solidaires, et qu'à cette connaissance se joignit une manifestation non équivoque de son intention d'éteindre la dette pour la part réelle du débiteur déchargé, la solution de droit commun proposée plus haut serait nécessairement modifiée en présence de ces données exceptionnelles, et ce serait effectivement à la part réelle que la remise s'appliquerait.

A côté de la remise expresse que nous venons d'étudier, il y a la remise tacite de la dette, nous voulons dire celle qui résulte de l'abandon que le créancier fait de son titre, abandon à effet plus ou moins absolu, conformément à la distinction consacrée dans les art. 1282 et 1283. La remise tacite est toujours générale, sans restriction à telle ou telle personne, car si le créancier n'avait pas eu l'intention d'abandonner sa créance à l'égard de tous ceux qui en sont tenus, il eût évidemment conservé son titre contre ceux d'entre eux qu'il n'entendait point libérer.

Le créancier peut aussi faire remise, non plus de la dette elle-même, mais de la modalité en vertu de laquelle chaque débiteur peut être contraint à la prestation du tout, c'est à dire du rapport de solidarité. Et la remise de la solidarité, à l'inverse de ce que nous venons de voir pour la remise de la dette, est, lorsqu'elle a été accordée à l'un des débiteurs, spéciale, relative, et ne profite qu'au débiteur qui l'a obtenue; pour accroître son effet, il faudrait que le créancier eût expressément renoncé, dans l'intérêt de tous, au bénéfice qu'il tenait de la convention. Cette solution est bien plus équitable que la précédente, elle tient assurément plus grand compte de l'intention présumée des parties; elle est en même temps plus conforme aux vrais principes. Lorsque le créancier, pour des motifs dont il est le seul juge, croit digne de faveur la position d'une des personnes engagées envers lui et consent à briser pour elle les liens de l'obligation, l'objet, comme le but de sa libéralité, se trouvent démesurément étendu, et il est lui-même victime de son intention généreuse, si elle entraîne l'anéantissement complet de son droit. Cette décision, en outre, est tout à fait contraire à cet adage juridique, si sage et si vrai : « Nemo « facile præsumitur jactare suum. »

C'est donc avec raison, au point de vue rationnel

comme au point de vue positif, que le Code, pour la remise de la solidarité, a consacré d'autres principes. Mais
comment a-t-il ainsi, sur une question identique, deux
solutions opposées? Pour expliquer ce point incontestablement et cependant propre à étonner, il faut se référer
aux sources de notre législation. La première solution a
été déduite de la nature rigoureusement formaliste de
l'acceptilation romaine, la seconde a été empruntée à
une théorie bien autrement équitable, la théorie prétorienne sur le pacte de remise.

Ce n'est pas à dire pour cela que toute la doctrine du
Code, même en ce dernier point, soit entièrement satis-
faisante. Aux termes de l'art. 1210, le créancier qui fait
remise de la solidarité à l'un des codébiteurs conserve
bien, il est vrai, son action solidaire contre les autres,
mais sous la déduction de la part du débiteur qu'il a dé-
chargé de la solidarité. C'est peut-être encore ici faire
sortir la convention de ses limites naturelles; en effet,
les débiteurs restés étrangers au pacte vont pouvoir en
exciper en ce sens que si, comme tout à l'heure, ils ne
sont pas libérés de la dette, du moins ils ne pourront
plus être contraints à l'acquitter tout entière. Or, nous
ne voyons pas pourquoi le créancier ne conserverait pas
le droit de les poursuivre pour le tout et sans aucune déduction. On objecte que si le créancier pouvait décharger de la solidarité l'un de ses débiteurs et conserver intact son droit contre les autres, il rendrait pire la condition de ces derniers. Pour le démontrer, supposons, par
exemple, trois débiteurs solidaires; chacun d'eux court
un danger, le risque de faire l'avance, or, dans notre espèce, chacun a deux chances que le créancier ne s'a-

dressera pas à lui ; mais, chacun n'aurait plus qu'une chance, si le créancier fait fléchir le rapport de solidarité en faveur de l'un d'eux, donc il rendrait ainsi, par son fait, la créance plus dure qu'elle n'est. — A cela nous répondrons que le créancier d'une obligation contractée solidairement peut demander la prestation de l'entière dette à celui des débiteurs qu'il veut choisir ; or il peut faire ce choix aussi bien positivement en actionnant l'un que négativement en déclarant à tel ou tel d'entre eux qu'il ne l'actionnera pas, et la décision de l'art. 1210 est une atteinte portée à l'exercice de ce droit.

Comme la remise de la dette, la remise de la solidarité est expresse ou tacite. Elle est tacite dans les hypothèses des art. 1211 et 1212, dont l'interprétation n'offre aucune difficulté.

Mais il peut se faire que le créancier, ayant fait remise à l'un des obligés, soit de la solidarité, soit de sa part dans la dette, l'un des autres débiteurs tombe dans l'insolvabilité, et l'on se demande alors si le créancier qui a fait la remise doit supporter une part proportionnelle dans la perte causée par l'insolvabilité de ce débiteur. C'est un point délicat sur lequel nous reviendrons dans la troisième partie de notre chapitre que nous abordons à l'instant, où nous allons traiter des effets de la solidarité dans les rapports respectifs des débiteurs.

La règle générale qui domine toute cette matière est formulée en ces termes par l'art. 1213 : « L'obligation contractée solidairement envers le créancier se divise de plein droit entre les débiteurs qui n'en sont tenus entre eux que chacun pour sa part et sa portion. » Il y a donc sous notre système législatif, différent en cela de celui de Rome, un droit d'action déterminé, fondé en lui-même, sur lequel s'appuie la théorie du recours érigé désormais en principe juridique. Chacun des débiteurs n'est tenu, absolument et en dehors de ses rapports avec le créancier, que de la fraction qui le concerne, c'est-à-dire en raison de son intérêt personnel dans la cause de l'obligation. Or la présomption découlant naturellement de l'acte, c'est que chacun des débiteurs a profité de la prestation pour des parts égales, et telle est, en effet, de droit commun, la base du règlement définitif. Nous disons de droit commun, car ce n'est là qu'une présomption *juris*, et non point une présomption *juris et de jure*.

Le principe connu, étudions en premier lieu les effets de la solidarité, avant que le créancier n'ait encore exercé aucune poursuite. L'un des débiteurs, à l'échéance du terme, est en mesure d'acquitter sa part dans la dette, peut-il se prévaloir de la disposition de l'article 2032-4°, et actionner ses coobligés pour qu'ils aient à verser eux-mêmes leur portion contributoire? Nous croyons fermement que ce droit lui appartient, car nous ne saurions admettre qu'il pût être, malgré lui, retenu indéfiniment dans les liens de la solidarité, et toujours sous le coup de l'action du créancier, par la négligence de ses codébiteurs, qui devraient d'ailleurs, eux aussi, être en mesure de satisfaire à leur engagement.

Le droit au recours apparaît manifestement et dans la perfection de son principe, lorsque le créancier entre en scène, et mettant à profit, de sa propre initiative, le rapport de solidarité, demande à l'un des obligés l'exécution complète de l'engagement contracté. Et, d'abord, les débiteurs non actionnés peuvent-ils, après la chose jugée avec leur codébiteur, tenter de nouveau la chance judiciaire, *aleam judiciorum*, sur la même contestation? Ils le peuvent, et de toute évidence, s'ils avaient des exceptions personnelles à faire valoir, car le jugement intervenu avec leur codébiteur a laissé ces exceptions tout à fait intactes; ils le peuvent encore en invoquant des exceptions communes, si ces exceptions n'ont pas été proposées par leur codébiteur, car il est impossible de supposer qu'ils aient autorisé leur codébiteur à sacrifier leurs droits. Un point infiniment plus délicat, est celui de savoir si la même décision reste vraie, lorsque les débiteurs, non actionnés d'abord, n'ont à opposer que des exceptions communes déjà inutilement présentées par leur codébiteur condamné. La raison de douter, c'est que le créancier peut objecter alors à ces codébiteurs qu'ils n'auraient pas été plus heureux que leur corré, s'il les avait tous mis en cause dès l'origine, car leur défense eût été basée sur les mêmes moyens que leur corré a opposé vainement. Mais la raison de décider en faveur de ces codébiteurs, c'est qu'autre chose est proposer un moyen, autre chose le prouver. Ils peuvent donc répondre avec avantage qu'avec les mêmes conclusions, mais mieux posées, ils auraient obtenu un succès que leur codébiteur n'a pas obtenu.

Supposons maintenant, ce qui arrivera le plus souvent, qu'aucun débiteur n'élève des doutes sur la légitimité de la prétention du créancier, et revenons à l'action récursoire de celui qui a payé l'entière dette. Quel est précisément le caractère de cette action récursoire? Est-ce une simple action personnelle? Comment le codébiteur va-t-il procéder? La subrogation a lieu de droit à son profit; en effet, l'art. 1251-3° porte en principe qu'elle existe légalement au profit de celui qui, étant tenu avec d'autres au payement de la dette, avait intérêt de l'acquitter; or, il est de toute évidence que sa disposition s'applique aux codébiteurs solidaires entre eux. La subrogation emporte au profit du subrogé les priviléges, hypothèques, cautionnement et toute autre garantie qui était attachée au droit du créancier. Toutefois, le subrogé ne pourra pas exercer les actions du créancier avec la même étendue que le créancier aurait pu les exercer lui-même. C'était déjà l'avis de Pothier, qui rapporte que la question controversée autrefois entre les docteurs avait été tranchée en ce sens par les plus récents arrêts. L'art. 1214-1°, consacre cette jurisprudence : « Le codébiteur d'une dette solidaire qui l'a payée en entier, ne peut répéter contre les autres que les part et portion de chacun d'eux. » Ainsi, s'il y avait quatre débiteurs solidaires, l'un d'eux, Primus, par exemple, ayant désintéressé le créancier, doit être investi contre chacun d'un quart seulement de la créance primitive. Il serait en effet bien injuste qu'il pût agir solidairement contre l'un ou l'autre de ses codébiteurs, sous la déduction seulement du quart dont il était tenu pour lui-même, et pour lequel par conséquent il n'a pu être subrogé; car, s'il en était ainsi, l'égalité, qui doit subsister entre personnes dont la condition est la même, serait rompue; en outre, les débiteurs solidaires étant tenus entre eux d'une sorte de garantie réciproque, l'un ne peut, sans méconnaître cette obligation, demander à l'autre au-delà de la part que celui-ci doit supporter en définitive. Ajoutons, et pour les mêmes raisons, que la subrogation conventionnelle, que le débiteur se serait fait consentir par le créancier, n'aurait pas plus d'effet que la subrogation légale. L'art. 875, relativement aux co-héritiers, le décide en termes exprès, et la disposition doit être étendue au cas qui nous occupe, les auteurs sur ce point sont univoques. C'est en vain que le créancier aurait déclaré vendre ou céder sa créance au débiteur qui l'a désintéressé, si cette prétendue vente n'était qu'une subrogation déguisée. En effet, nos deux articles seraient lettre morte, si une fraude adroite, empruntant des couleurs étrangères, pouvait éluder leur défense. Les juges, interprètes de la convention, devront donc s'armer de sévérité pour ne pas être le jouet de combinaisons astucieuses et de détours captieux. Mais faut-il aller plus loin et ériger en principe qu'un des débiteurs solidaires est incapable d'accepter une vente sérieuse de la créance ? Les incapacités, on le sait, sont de droit étroit, *odia restringenda*, et il n'est pas permis de les prononcer par analogie ; or celle-ci n'est écrite nulle part dans notre législation. Nous dirons donc, l'acte se présentant d'ailleurs avec une sincérité qui le met à l'abri du soupçon, que le débiteur qui a ainsi bien réellement acquis les droits du créancier, pourra demander le payement de l'entière dette, déduction faite seulement de sa part, à celui des codébiteurs qu'il lui plaît de choisir, *sublata causa tollitur effectus*.

Primus ayant payé la dette solidaire, il peut se faire que l'insolvabilité d'un de ses codébiteurs rende son recours inefficace contre lui; dans ce cas, la part de l'insolvable se répartit entre tous les autres; ainsi, dans l'espèce mentionnée plus haut, au lieu d'être investi d'un quart de la créance primitive contre chacun de ses trois codébiteurs, Primus serait investi de l'action pour un tiers contre les deux seuls codébiteurs solvables. Dans le cas où le créancier a renoncé à l'action solidaire envers l'un des débiteurs, si l'un ou plusieurs des autres codébiteurs deviennent insolvables, la portion des insolvables sera aussi contributoirement répartie entre tous les débiteurs, *même entre ceux précédemment déchargés de la solidarité par le créancier* (art. 1215). On comprend que la remise de la solidarité faite à l'un des débiteurs ne peut rendre la créance plus dure qu'elle n'est au préjudice des autres ; quoique le créancier ait, en principe, le droit de disposer de sa créance comme il l'entend, ce droit ne va pas jusqu'à lui permettre de nuire aux personnes engagées envers lui. En conséquence, dans la répartition de la part de l'insolvable, toutes doivent faire nombre. Mais le créancier devra-t-il rembourser la part contributoire afférente au débiteur qu'il a déchargé? Ou bien, au contraire, ce débiteur, quoique déchargé, supportera-t-il définitivement et sans recours contre le créancier, sa part dans l'insolvabilité de son codébiteur? L'exactitude de cette seconde opinion qu'on a cherché à nier nous semble, à nous, de toute évidence. Le codébiteur courait le risque de faire l'avance de l'entière dette, le créancier le décharge de l'action solidaire, qu'entend-il par-là? Il entend faire cesser pour ce codébiteur le danger d'une poursuite *in solidum*, et, dans ce but, il abandonne une prérogative du rapport exceptionnel qu'il avait imposé comme loi de son crédit, il met un de ses obligés à l'abri des effets de la solidarité vis-à-vis de lui, créancier. Mais entend-il l'affranchir de la solidarité vis-à-vis de ses *corrés*? On ne saurait, ce nous semble, le soutenir sans donner à la convention un effet exagéré. Il y a loin de l'abandon d'un droit à la soumission à une obligation, l'un ne contient évidemment pas l'autre, le moins ne contient pas le plus. Si le créancier avait entendu se substituer dans la dette à l'un de ses débiteurs, car, en dernière analyse, c'est là ce qu'on voudrait induire de sa renonciation, il n'aurait pas manqué de s'en expliquer formellement. L'opinion contraire, repoussée par les principes, démentie par l'intention présumée des parties, l'est aussi par l'interprétation la plus naturelle du texte de notre article, et plus formellement encore par ce passage de l'exposé des motifs : «.... La division de la dette n'a pu être consentie ni acceptée que sauf le droit d'autrui; ainsi le codébiteur déchargé de la solidarité envers le créancier *a dû compter qu'il lui restait encore une obligation à remplir à l'égard de ses codébiteurs, en cas d'insolvabilité de quelques-uns d'entre eux* (1). »

Cette solution nous paraît devoir être maintenue, même dans le cas où le créancier, au lieu de décharger l'un des débiteurs de la solidarité, lui aurait fait remise de sa part dans la dette; il ne semblerait encore ne l'avoir complétement libéré que dans ses rapports avec lui, mais non dans ses rapports avec ses *corrés*, par conséquent la répartition de l'insolvabilité de l'un d'eux, le cas échéant, pourrait l'atteindre.

Dans les divers cas que nous avons parcourus jusqu'à

---

(1) *Fenet*, t. XIII, p. 257.

présent, le créancier a renoncé expressément (art. 1210), ou est censé avoir renoncé implicitement (art. 1211 et 1212) à la solidarité vis-à-vis du débiteur avec lequel il a traité. Mais nous devons maintenant aborder une question extrêmement ardue, c'est celle de savoir si un débiteur solidaire peut s'affranchir de la solidarité à concurrence de la part du débiteur vis-à-vis duquel le créancier a abandonné ou laissé perdre quelqu'une de ses sûretés; en d'autres termes, si les débiteurs solidaires peuvent opposer l'exception *cedendarum actionum*. M. Troplong, dont l'opinion est toujours si grave en matière de droit, se prononce énergiquement pour la négative (1). Nous allons tâcher de résumer aussi brièvement et aussi clairement que possible les principes qui servent de base à son argumentation.

D'après l'ancien droit romain, le créancier ne contractait avec le fidéjusseur aucune obligation de lui *conserver* ses actions contre le débiteur principal. Car, si, d'une part, on avait considéré que le créancier n'ayant aucun intérêt de les refuser au fidéjusseur qui avait intérêt de les avoir, l'équité, l'humanité lui commandaient un acte qui, sans avoir aucun inconvénient pour lui, pouvait avoir pour le fidéjusseur des avantages considérables; d'un autre côté, cette obligation, par cela même qu'elle était toute d'équité et de bienfaisance, ne devait pas devenir une arme contre le créancier et servir de prétexte à des exigences dommageables. C'est une très-importante observation de Cujas (2), on la retrouve dans

---

(1) *Traité du Cautionnement*, nos 834 et suiv.
(2) Cujas sur la loi 24 *De Pactis*.

le président Favre et dans Pothier (1). Le fidéjusseur devait donc se contenter de recevoir les actions du créancier telles que ce dernier les avait faites en usant de son droit. Le rendre responsable des conventions par lesquelles il en avait diminué l'efficacité, c'eût été lui faire payer chèrement une cession toute bénévole de sa part et convertir une libéralité en une obligation onéreuse. Voilà le droit tel que l'ont pratiqué les jurisconsultes de l'époque classique, et tel qu'il s'est continué jusqu'à Justinien. Mais sous cet empereur un grand changement fut introduit. Par la Novelle IV, le fidéjusseur fut investi de l'exception de discussion, et l'effet irrésistible de ce bénéfice fut l'obligation pour le créancier de conserver désormais son droit intact contre le débiteur principal. Le créancier n'est donc plus le maître d'abdiquer ou de négliger des sûretés dans lesquelles la loi a entendu que le fidéjusseur trouverait un rempart, sans cela, sa protection serait illusoire. Poursuivi par le créancier, le fidéjusseur, armé de la Novelle, lui dira : Allez discuter le débiteur principal; — et si ce créancier est obligé d'avouer qu'il a rendu cette discussion impossible par des arrangements particuliers avec le débiteur, le fidéjusseur lui répondra victorieusement : « Il ne dépendait pas de vous de me priver de ma sauvegarde. » L'obligation de conserver les actions entières n'est donc pas le pur corollaire de l'obligation de céder ces actions (puisque, avant Justinien, cette dernière obligation existait, et cependant il suffisait au créancier de

---

(1) Favre, *Ration.* sur la loi 22, D. *De pactis*—Pothier, *Oblig.* n° 817.

céder ses actions telles quelles), elle n'a d'autre source
que le bénéfice de discussion. Or si telle est l'origine et
la raison première de l'exception *cedendarum actionum*,
envisagée dans la plénitude de ses effets, c'est-à-dire au
double et indivisible point de vue de la cession et de la
conservation des droits qu'elle permet d'invoquer, et
c'est d'ailleurs ainsi que nous la connaissons dans notre
droit, il est clair qu'elle n'a pas d'application possible
en matière de solidarité, car le bénéfice de discussion
n'appartient pas à des débiteurs solidaires, ces derniers
ne pourront donc pas se prévaloir de l'art. 2037 du Code
civil.

Nous hésitons à suivre M. Troplong dans sa disserta-
tion assurément bien savante sur l'origine et le développement de l'*exceptio cedendarum actionum*. Admettons
donc un instant, ce qui nous semble trop exclusif, que
cette exception, telle qu'elle a été entendue après Justinien, ne provient pas des principes déposés dans la
jurisprudence classique, qu'il a fallu un élément nouveau pour lui donner une plus grande portée, que, sans
cet élément nouveau renfermé dans la Novelle IV, elle
ne l'aurait pas acquise et serait restée sous l'influence
de cette idée, savoir, que la subrogation dans les droits du
créancier n'est autre chose qu'un bienfait qu'on ne saurait
sans ingratitude retourner contre le créancier. Maintenant doit-on conclure de ces principes qu'il faut absolument écarter pour le rapport de solidarité la disposition
de l'art. 2037, sur le seul fondement que les débiteurs
n'ont pas le bénéfice de discussion? Cet argument de
pure histoire ne nous semblerait pas décisif. D'abord il
n'est pas rare, en fait de droit, de voir une disposition

s'étendre au delà du principe d'où elle dérive, surtout quand cette disposition donne, et à un si haut degré, satisfaction à l'équité naturelle tant en prévenant la fraude qu'en aidant à la réparer. En outre, les dispositions de nos Codes doivent s'interpréter les unes par les autres, c'est le seul moyen de s'éclairer sur le véritable esprit de la loi.

Ceci posé, la doctrine de M. Troplong, rigoureuse en elle-même, pleine de surprises et de dangers pour les débiteurs solidaires, nous semble condamnée par l'article 1215 du Code civil. Aux termes de cet article, le créancier ne peut pas faire à l'un des débiteurs une concession qui aggraverait le sort des autres; voilà la raison première, le principe supérieur, l'esprit vivifiant qui se dégage de sa disposition. La prendre comme texte écrit, sans remonter à sa source, serait abaisser et la loi et la jurisprudence. A titre d'application pratique maintenant, notre article déclare qu'en cas d'insolvabilité ultérieure de l'un des débiteurs non déchargés, le débiteur déchargé est tenu de supporter une part proportionnelle de cette insolvabilité. Or nous dirons, nous, de même que l'équité défend au créancier de rendre la créance plus dure qu'elle n'est en aggravant la responsabilité des débiteurs, en étendant leur obligation, de même elle ne lui permet pas de les priver, en pactisant avec l'un d'eux, de l'utilité de leur recours.

La déchéance que nous croyons devoir être prononcée contre le créancier qui, par son fait, s'est mis hors d'état de céder ses actions est la conséquence inévitable de la subrogation légale, telle que l'entend l'art. 1251. A cela M. Troplong oppose immédiatement que la subrogation légale n'est autre chose que l'exception *cedendarum* donnée de plein droit au débiteur solidaire, et que réduite à elle-même, elle ne conduit logiquement et rationnellement qu'à obliger le créancier à céder ses actions telles quelles. Sans doute, cette exception pouvait être entendue ainsi au temps d'Ulpien, de Julianus et de Paul, mais, qu'elle se soit complétée dans la suite par l'introduction du bénéfice de discussion, ce que nous croyons inexact, ou que, selon une autre opinion (nous dirons tout à l'heure la nôtre), elle ait reçu une extension arbitraire des interprètes, toujours est-il, dans notre législation, qu'elle a été de tout temps connue et pratiquée dans son système le plus étendu de protection. L'article 1251 a donc dû être fidèle aux traditions de notre jurisprudence, et, entre deux opinions, dont l'une le prive de sa sanction, et dont l'autre lui garantit son efficacité, nous aimons mieux adopter la première.

Pothier fait à ce sujet une observation qui nous paraît fort sensée, quoique M. Troplong n'y voie qu'une pétition de principes : « Lorsque plusieurs personnes contractent une obligation solidaire, dit Pothier, elles ne s'obligent chacune pour le total que dans la confiance qu'elles pourront avoir recours contre les autres en payant le total. C'est pourquoi, lorsque le créancier, par son fait, les a privées de ce recours en se mettant, par son fait, hors d'état de pouvoir céder ses actions contre l'un d'eux qu'il a déchargé, il ne doit plus être recevable à agir solidairement contre les autres, si ce n'est sous la déduction des portions pour lesquelles ils auraient eu recours contre celui qu'il a déchargé. »

Nous reconnaissons ici la sagacité du grand jurisconsuite. Il applique avec autant d'exactitude que de simplicité cette règle d'interprétation formellement consacrée par l'art. 1161 du Code civil, savoir, que toutes les clauses des conventions s'interprètent les unes par les autres, ou plus explicitement sont des conditions les unes des autres. Comme la solidarité n'est pas un poids bien lourd toutes les fois que les recours entre les débiteurs sont assurés, il est évident pour nous qu'un débiteur consentira bien plus facilement à subir ce rapport exceptionnel, si son codébiteur a fourni une hypothèque ou un gage, et qu'il sera tout naturellement porté à considérer ces sûretés comme la future sauvegarde de son droit au recours. Il est vrai qu'on ne saurait non plus affirmer en toute assurance qu'il eût refusé de souscrire à cette aggravation de l'obligation en l'absence de ces garanties, mais dans le doute sur le motif déterminant de son consentement, c'est toujours en sa faveur comme en faveur de tous les débiteurs (art. 1162, Code civil) qu'il faut se prononcer.

Invoquons ce grand principe qui milite aussi en faveur de notre opinion : que l'on ne peut porter préjudice à autrui, principe dont nous faisons ici une application conseillée par les raisons les plus satisfaisantes. Le créancier qui s'est mis dans l'impossibilité de subroger le débiteur solidaire à qui il demande payement, dans ses droits, privilèges et hypothèques, a trompé l'espérance fondée, nous l'avons démontré, de ce débiteur, il est donc répréhensible, il occasionne un dommage, il doit le réparer.

C'est enfin le moment de répondre à l'objection historique, et de dire, les textes à la main, notre vérita-

ble pensée sur la source d'où procède l'*exceptio cedendarum actionum*, telle que nous la connaissons aujour-
d'hui. Si nous démontrons qu'elle n'a pas emprunté
toute sa puissance et toute son efficacité à l'élément déposé dans la Novelle IV, nous aurons tranché par là le
nœud gordien de la question et renversé du même coup
le fondement de l'argumentation adverse. Nous allons
pour cela résumer des principes qui ont déjà fait l'objet
de notre examen. Nous avons, on le sait, distingué en
droit romain, d'après les témoignages les plus incontestables, des cas improprement dits à côté des cas véritables de corréalité ; les premiers gouvernés par la bonne
foi, l'équité, le droit naturel, en rapport, en un mot,
avec le grand mouvement des intérêts civils que la civilisation multiplie et les germes nouveaux qu'elle féconde;
les seconds, au contraire, rebelles aux innovations, soumis à l'esclavage des formes, aux rigueurs despotiques
de l'*ipsum jus*, sous le poids des chaînes antiques.

Dans les cas improprement dits, le créancier qui s'est
mis hors d'état de faire cession efficace a méconnu par
là son obligation. Il était en effet tenu, ainsi le voulait
la bonne foi, à ne rien faire qui pût mettre obstacle
au recours du débiteur contre ses coobligés, si donc,
par sa faute, ce recours est devenu impossible, c'est
lui qui doit en souffrir et non le débiteur poursuivi.
Cette considération, nous ne saurions trop le répéter,
est décisive. Il en résulte en effet qu'il existait, en la
jurisprudence romaine, bien avant Justinien et le droit
de la Novelle IV, des circonstances où la cession d'actions devait être faite par le cédant avec garantie des
fautes par lesquelles il avait amoindri ou perdu ces ac-

tions, de sorte qu'il était tenu de remettre, non pas ce qu'il avait, mais ce qu'il devait avoir, et ces circonstances, avons-nous besoin de l'ajouter, étaient les plus fréquentes et les plus équitables. Nous croyons essentiel d'insister sur ce point, car, dans la matière grave qui nous occupe, la tradition historique est de la plus grande importance. Or, un fragment de Paul, relatif aux cotuteurs et aux magistrats municipaux, contient à cet égard, et d'une façon saisissante, la doctrine des jurisconsultes, c'est la loi 45, *De Administratione et periculo tutorum.* Papinien donne une décision analogue en matière de *mandatum pecuniæ credendæ*, dans la fameuse loi 95, p. 11, *De Solutionibus.* Accordons, si on le veut, que ce dernier texte n'a pas dans la discussion une aussi grande valeur que celle qu'il paraît avoir, car il est gouverné par des idées un peu dissemblables, et qu'ainsi on pourrait soutenir qu'il a une raison à part. En effet, l'engagement du *mandator* ne vient pas, comme celui du débiteur solidaire, accéder à une autre obligation et s'allier à elle dans une connexion étroite, dans une dépendance réciproque, il provient d'un contrat distinct et indépendant : le contrat de mandat. De telle sorte qu'il y a deux classes d'obligations principales : d'un côté, celles produites par le mandat, et, de l'autre, celles qui résultent de l'opération faite par le mandataire avec le tiers. En outre, le mandant n'ayant pas d'action directe contre les tiers avec lesquels son mandataire a contracté, il faut, pour qu'il puisse se diriger contre eux, que ce dernier lui cède ses actions, et il le doit en réalité par l'effet implicite du contrat de mandat. Cujas en fait la remarque, et Fabre l'approuve aussi bien que Pothier. Quoiqu'il en soit de l'argument de ce texte, qui au fond, malgré ces réserves, en est toujours un, la décision si formelle de Paul suffirait toujours à la révélation des vrais principes.

Dans les cas véritables, au contraire, comme la corréalité dérive d'un acte unilatéral, le créancier, en principe, joue exclusivement le rôle de créancier et ne contracte aucune espèce d'obligation : ainsi il n'est pas obligé de conserver intacte son action contre Secundus, par exemple, de manière à pouvoir la céder à Primus quand il lui demandera le payement total; seulement, s'il l'a conservée, il commettrait un dol en refusant de la lui céder. Ces principes sont attestés par plusieurs lois : d'abord la loi **22**, *De Pactis;* ensuite la loi 15, p. 1, *De Fidejussoribus.* Mais si le créancier peut renoncer à son droit sans que les débiteurs corréaux soient admis à critiquer cet exercice de sa liberté de créancier, il ne faut pas croire que le droit avait été poussé jusqu'à une subtilité rigoureuse; au cas donc où il serait démontré, ce qui aurait été assurément facile, que le créancier, en se dépouillant de ses actions, n'a eu d'autre mobile que le désir de nuire à Primus, le juge, sur l'opposition de l'exception de dol, pourra très-bien prononcer l'absolution de celui-ci. La différence, même sous les jurisconsultes classiques, entre les obligations solidaires et les obligations corréales, si nettement accusée en principe, disparaissait donc souvent dans la pratique des affaires. Plus tard, ces deux classes d'obligations tendirent, et en plusieurs points, nous l'avons vu, à se rapprocher; les larges principes du droit naturel envahirent les principes étroits du droit civil; l'équité, élevant sa voix puissante, pénétra dans ces obligations corréales qui l'avaient autrefois si fièrement proscrite; et, comme premier résultat, la cession d'actions qui, en la pure théorie de l'ancien droit, y était satisfactoire, quand même elle ne transmettait au débiteur corréal que des actions telles quelles, a dû y être désormais une cession d'actions non amoindries par le fait du créancier. La Novelle de l'an 535, en introduisant le bénéfice de discussion en faveur du fidéjusseur, ne vint donc, au point de vue particulier du sujet qui nous occupe, que consacrer pour cette sorte d'*adpromissor*, en la sanctionnant implicitement, une règle préexistante.

Nous hésitons d'autant moins à revendiquer pour notre législation le principe autrefois spécial aux cas improprement dits de corréalité, que les caractères distinctifs des véritables *correi* n'existent point chez nous, et qu'ainsi nos débiteurs solidaires modernes ressemblent bien moins aux *correi promittendi* qu'aux simples débiteurs *in solidum* du droit romain. Des principes bien entendus d'équité servaient de base et de règle à l'engagement de ces derniers, et ces principes, notre système de droit civil les a énergiquement embrassés.

Il ne nous reste plus, pour terminer ce que nous avions à dire des effets de la solidarité dans les rapports respectifs des débiteurs, qu'à examiner l'hypothèse où l'obligation solidaire se rapporte seulement à l'un des coobligés: « si l'affaire, dit l'art. 1216, pour laquelle la dette a été contractée ne concernait que l'un des débiteurs solidaires, celui-ci serait tenu de toute la dette vis-à-vis des autres codébiteurs, qui ne seraient considérés par rapport à lui que comme ses cautions. » La position de ces cautions solidaires diffère à plusieurs égards de celle des débiteurs solidaires proprement dits. Elle en diffère d'abord pour ce qui concerne le règlement définitif entre les obligés, en ce que la dette ne se divise pas et doit rester tout entière à la charge du débiteur principal. Si donc l'obligation a été éteinte par l'un des coñdéjusseurs, ce coñdéjusseur a une action pour le tout contre le débiteur comme subrogé au lieu et place du créancier. Et, dans le cas où l'affaire concernerait plusieurs des coobligés solidaires, deux des obligés, par exemple, les deux autres n'étant, par rapport à ceux-ci, que des caullons, chacun des obligés principaux serait encore tenu vis-à-vis des coñdéjusseurs pour le total, ainsi que cela résulte en termes exprès de l'art. 2030 du code Napoléon. Mais, si le coñdéjusseur, après avoir désintéressé le créancier, agissait contre celui de sa qualité, il n'aurait qu'une action divisée, et pour moitié, dans l'espèce (art. 2033). Mais, encore une fois, c'est seulement par rapport aux débiteurs que l'affaire concerne, que les autres obligés ne sont que fidéjusseurs; vis-à-vis du créancier, ils sont dans la même position que les débiteurs solidaires proprement dits : les mots : « par rapport à lui » qu'on lit dans notre art. 1216, et qui n'étaient pas dans la première rédaction, furent précisément introduits « pour prévenir tout espèce de doute, et pour faire comprendre que, par rapport au créancier, tous les obligés, sans aucune distinction, sont débiteurs principaux et obligés comme tels. » (1)

---

(1) V. Fenet, t. xiii, p. 156.

CHAPITRE TROISIÈME.

DES PRINCIPAUX CAS DE SOLIDARITÉ LÉGALE DANS LES CONTRATS DU DROIT CIVIL.

Nous nous occuperons dans ce chapitre : 1° de la responsabilité des colocataires en cas d'incendie; 2° de la solidarité des commodataires; 3° de la solidarité des mandants.

SECTION 1re.

De la responsabilité des colocataires en cas d'incendie.

L'art. 1734 prononce contre les colocataires une responsabilité rigoureuse : « S'il y a plusieurs locataires, porte cet article, tous sont solidairement responsables de l'incendie, — à moins qu'ils ne prouvent que l'incendie a commencé dans l'habitation de l'un d'eux, auquel cas celui-là seul en est tenu; — ou que quelques-uns ne prouvent que l'incendie n'a pu commencer chez eux, auquel cas ceux-là n'en sont pas tenus. »

Il est bien entendu que, pour que la solidarité existe, il faut d'abord que les locataires soient responsables, et ils ne le sont pas lorsque l'incendie ne peut évidemment leur être imputé. Aussi l'art. 1733, après avoir dit que le locataire répond de l'incendie, ajoute : « à moins qu'il ne prouve que l'incendie est arrivé par cas fortuit ou force majeure, ou par vice de construction, ou que le feu a été communiqué par une maison voisine. »

L'ancienne Rome fut souvent désolée par des incendies ; il faut lire dans les historiens et jusque dans les satires de Juvénal le récit lamentable de ces sinistres, qui dévoraient quelquefois les plus beaux édifices, comme, en 671, le Capitole et avec lui les livres sibyllins (1), mais qui, le plus souvent, détruisaient, dans ces rues rétrécies, les demeures étroites et surchargées d'étages, où habitait, avec la misère, cette populace affamée et inquiète, mendiant le pain et les spectacles. Tandis que les empereurs prenaient des mesures pour protéger les citoyens contre l'imprudence ou le crime des incendiaires (voir au Digeste le titre *De officio praefecti vigilum*), les jurisconsultes s'occupaient de la garantie des dommages causés par ces désastres quotidiens. Dans ce but, ils étendirent énormément la responsabilité déjà imposée par les lois à celui auquel la garde de la maison était confiée, ils imaginèrent les clauses de baux les plus rigoureuses (2), afin qu'il n'y eût pas d'équivoque sur la sévérité de la garde qu'on imposait au locataire. C'est là qu'il faut chercher les bases des art. 1733 et 1734.

La disposition de ce dernier article, qui déclare les colocataires solidairement responsables de l'incendie fut, lors de la discussion préliminaire du Code civil, repoussée avec énergie par les cours de Colmar, de Lyon

---

(1) Cicéron, Cat. III, § 4.

(2) On allait jusqu'à défendre au locataire d'avoir du feu chez lui. *Ignem ne habeto.*

et de Toulouse. En effet, si elle n'a rien d'inique en elle-même, elle est, avouons-le, dure, et dure à l'excès. D'une part, ces locataires sont choisis sans la participation et souvent contre le gré les uns des autres; d'autre part, ils n'ont aucun moyen de se surveiller mutuellement, et cependant chacun pourra être contraint par le propriétaire à l'indemniser pour le total, par le propriétaire qui a pu leur permettre des professions dangereuses, et qui seul ne perdra rien dans ce désastre commun! N'est-ce pas enfin, à un point de vue plus général, aller beaucoup trop loin que d'obliger des personnes, de par la loi seulement et sans aucune manifestation de leur volonté en ce sens, à courir chacune pour le tout des risques qu'on ne peut prévoir, qu'on ne peut éviter?

Cette solidarité rigoureuse contre laquelle nous venons de nous élever, peut exister entre certains locataires sans exister vis-à-vis des autres, puisque l'art. 1734 affranchit de toute responsabilité les locataires, par exemple, qui prouvent que l'incendie n'a pu commencer chez eux. Une difficulté se présente tout d'abord à propos de ces exceptions. Les art. 1733 et 1734 sont-ils limitatifs dans l'énumération qu'ils font des moyens de justification des preneurs, ou au contraire, les juges devront-ils accueillir toute circonstance tendant à établir que les uns ou les autres sont exempts de faute? Nous tenons cette dernière opinion pour certaine, malgré le dissentiment de MM. Toullier et Zacchariæ. Que veut, en effet, la loi? Elle veut que le locataire apporte à la conservation de l'immeuble loué tous les soins d'un bon père de famille (art. 1728), et elle le déclare irresponsable lorsque les pertes qui arrivent pendant sa jouissance ont eu lieu sans sa faute (art. 1732). Or, celui-ci prouve sa diligence, son exactitude, sa surveillance, sa précaution, il démontre, par cela même, que l'incendie est l'effet d'une force majeure qui a confondu ses soins prudents, et l'on ne serait pas satisfait! Mais qu'exiger de plus? Veut-on qu'il passe et les nuits et les jours à surveiller la chose louée, pour empêcher tout incendie ou pour en enregistrer aussitôt la cause, de façon à pouvoir la mettre plus tard sous la main du juge? — Point d'inductions, dit-on, point de preuves indirectes. Il faut, par exemple, qu'il démontre l'impossibilité absolue que le feu ait commencé chez lui, il ne suffit pas qu'il démontre l'impossibilité morale. — Mais pourquoi l'enfermer dans tel ou tel genre de preuve et exagérer ainsi à plaisir les rigueurs de la loi? Ces exigences d'ailleurs, nous le répétons, sont tout à fait arbitraires; car l'art. 1732, qui contient l'idée mère, qui est la règle générale des deux articles suivants, ne descend pas dans les détails; il ne demande qu'une chose, c'est que le locataire *culpa careat.* Après cela, que le sinistre provienne de telle ou telle cause, il n'importe. La justice n'a que faire de le savoir, le preneur, dans la plupart des cas, ne le saurait connaître.

Une seconde difficulté grave se présente au cas où le propriétaire habitait, lui aussi, une partie de la maison louée, comment va-t-il être traité, en supposant qu'on ignore absolument le point initial de l'incendie? Son droit de propriété va-t-il, en cette seconde hypothèse, rester armé des art. 1733 et 1734? M. Troplong, dans son Commentaire sur le louage, soutient avec beaucoup de force la négative : « Avant tout, dit-il, le propriétaire doit prouver que le feu n'est pas venu de son apparte-

ment, ce sera la condition indispensable de son action
en dédommagement. » — Pour nous, nous croyons que
cette proposition manque de justesse. Le propriétaire se
trouve alors exactement dans la situation du créancier
d'une obligation solidaire, en la personne duquel se fait
une confusion de la dette. En effet, comme propriétaire,
il a droit à une indemnité; comme habitant une partie
de la maison incendiée, il est débiteur solidaire de cette
indemnité. Qu'est-ce à dire, sinon qu'il pourra agir contre chacun des coobligés pour le tout, sous la déduction
seulement de sa part? A cela, M. Troplong oppose « que
la disposition de l'art. 1734 se fonde sur ce que l'incendie a eu nécessairement son origine chez l'un ou chez
l'autre des locataires. Mais si le propriétaire habite la
maison, quelle voix s'élèvera pour affirmer que le feu a
pris plutôt chez les locataires que chez lui? qui répondra qu'il n'a pas pris plutôt chez lui que chez les autres?
qu'il n'a pas commencé dans les aisances communes
de la maison?... Et, au milieu de ce doute insoluble,
quel juge osera prononcer une condamnation? » Cet
argument n'est que spécieux, car il pourrait tout aussi
bien se rétorquer contre les colocataires eux-mêmes;
en outre, à travers un faux semblant d'équité, il conduit à une injustice évidente envers le propriétaire,
qui supporte tout le poids du doute et se trouve être en
dernière analyse la seule victime du sinistre. Il n'en
peut être ainsi : la même présomption, dans l'impossibilité où l'on est de tirer des circonstances la preuve de
l'absence de faute de qui que ce soit, planant sur tous
indistinctement, tous doivent concourir à la réparation
du dommage, cette solution rentre forcément dans la
nature des choses.

SECTION II.

De la solidarité des commodataires.

Lorsque le commodat a été fait à deux ou plusieurs personnes, le prêteur a-t-il une action solidaire contre chacune d'elles pour assurer l'exécution des obligations comprises dans le contrat? Les recueils de Justinien contiennent, sur la réponse à donner à cette question, deux textes célèbres dont l'apparente antinomie a fort mis à l'épreuve l'esprit de conciliation des interprètes. Le premier, L. 5. p. 15, *Commodati* (13,6), emprunté au commentaire d'Ulpien sur l'Edit du préteur, porte, dans l'espèce d'un char prêté à deux personnes à la fois, qu'il est plus vrai de dire que chacun des commodataires répond *in solidum* du dol, de la faute, de la diligence et de la garde. Le second, L. 21, p. 1, *ejusd. titul.*, extrait du 8° livre des Questions d'Africain, veut, dans l'hypothèse où de la vaisselle avait été livrée à plusieurs, que chacun des emprunteurs ne soit tenu que pour sa part (1).

Le Code civil a, par l'art. 1587, consacré le principe

---

(1) On doit croire que les jurisconsultes romains s'attachaient en cette matière, et avec grande raison, à l'intention présumée des parties. Ils recherchaient, d'après les circonstances, d'après la nature de l'objet prêté, si l'on pouvait dire, dans l'espèce, du créancier : *singulorum in solidum intuitus personam*, selon l'expression de Papinien, ou *utriusque fidem in solidum secutus*, selon l'expression équivalente de Marcellus, auquel cas, ils lui donnaient *actio in solidum*.

déposé dans la décision d'Ulpien : « Si plusieurs ont conjointement emprunté la même chose, ils en sont solidairement responsables envers le préteur. » Cette disposition, comme théorie générale, ne peut qu'être approuvée. Elle se déduisait d'ailleurs par un argument *a fortiori* des règles que nous venons d'étudier dans la section précédente où nous avons vu les colocataires obligés *in solidum* à rendre le propriétaire indemne du dommage causé par l'incendie, quoique ses colocataires soient le plus souvent complétement étrangers l'un à l'autre, et que le bail soit un contrat commutatif dans lequel le bailleur et le preneur trouvent un avantage commun et réputé égal. Le commodat, au contraire, étant tout dans l'intérêt des emprunteurs, il convenait d'autant plus d'assurer au préteur la conservation de sa chose livrée gratuitement. (Article 1876.)

SECTION III.

De la solidarité des mandants.

Le Code ne traite pas de la même manière les mandataires et les mandants. L'art. 1995, qui concerne les premiers, se prononce contre la solidarité : « Quand il y a plusieurs mandataires établis par le même acte, il n'y a solidarité entre eux qu'autant qu'elle est exprimée. » L'art. 2002, qui concerne les seconds, les soumet chacun pour le tout à l'action *mandati contraria* : « Lorsque le mandataire a été constitué par plusieurs personnes pour une affaire commune, chacune d'elles est tenue solidairement envers lui de tous les effets du mandat. »

Etudions la disposition de l'art. 1995 et voyons, pour saisir les choses dans leur ensemble, la raison de cette jurisprudence. Le jurisconsulte *Scævola*, dans la loi 60, par. 2, *Mandati*, considérant la gestion de plusieurs mandataires comme un tout indivisible, les déclare tous responsables *in solidum* de l'affaire qui leur a été confiée. Domat et Pothier ont suivi cette doctrine. Les rédacteurs du Code se sont placés à un autre point de vue ; il se sont souvenus que le contrat de mandat puisait sa source dans la religion et les bons offices de l'amitié : « originem ex officio atque amicitia trahit, » dit très-bien le jurisconsulte Paul, et d'ailleurs, le seul nom du contrat *man-datum* suffirait à révéler le symbole primitif de la main donnée et reçue en signe de foi. Nos législateurs ont donc eu raison de lui conserver le cachet de son origine, quoique depuis bien longtemps il fût passé de cette foi religieuse de l'amitié dans le droit civil. Ils ont bien fait de ne pas rendre rigoureuses les obligations des personnes auxquelles on se confie ; pour qu'un service ne devînt pas un trop lourd fardeau, ils les ont renfermées dans leur limite naturelle. On doit supposer en effet que chaque mandataire n'a entendu demeurer garant que de ses propres faits.

Autant il était juste, comme nous venons de le voir, de ne pas se séparer du droit commun pour aggraver la situation normale des mandataires qui rendent service au mandant, autant, au contraire, il était rationnel de forcer les mandants qui reçoivent un service en commun, à le reconnaître pour le tout. C'était déjà l'opinion du jurisconsulte Paul, qui, consulté sur la question de savoir, si, dans le silence du contrat, le mandataire peut exercer l'action *mandati contraria in solidum*, contre celui des mandants qu'il lui plaît de choisir, n'hésite pas à répondre affirmativement. Le texte, auquel nous faisons allusion, nous est déjà connu, c'est la loi 59, par. 3, *Mandati*. Ce principe était solidement établi aussi dans notre ancienne jurisprudence, et le Code n'a fait que transporter dans notre art. 2002 la doctrine de Voët (1) et de Pothier. Nous ne pensons pas qu'on puisse soulever une objection un peu sérieuse contre cette solidarité, qui à son fondement à la fois dans l'équité, dans la morale et dans la bonne foi : dans l'équité, car elle est un excellent moyen d'assurer au mandataire le remboursement de ses avances ; dans la morale, car elle ne fait que mettre sous la sanction de la loi positive un devoir qu'imposent déjà aux mandants la loyauté et la reconnaissance ; dans la bonne foi, car le mandataire, prenant le soin d'affaires communes, a dû espérer que chacun des intéressés l'indemniserait de tout préjudice. Ces considérations ne doivent même pas fléchir dans le cas où le mandat est rétribué, la loi ne distingue pas et n'a pas dû distinguer. Sans doute, le droit romain n'eût pas permis la stipulation d'un salaire (2), « nam contrarium est officio merces » (3), mais cette défense n'empêchait pas qu'on eût admis une distinction qui repose, peut être avant tout, sur l'amour-propre, mais qui ne manque pas au fond de quelque chose de délicat, de vrai et quelquefois même de touchant. Si

---

(1) Mandati, n° 10.
(2) Inst., liv. III, tit. xxvi, *De Mandato*.
(3) Dig. 17, 1, *Mand.*, 1, § 4, F. Paul.

le service rendu est de telle nature qu'il ne puisse être acquitté à prix d'argent, c'est-à-dire s'il est en dehors et au-dessus des spéculations mercantiles, comme le service des médecins « qui salutis hominum curam « agunt », (1) aux soins desquels la vie des hommes est livrée, la somme que l'on paye ou que l'on promet de payer est plutôt un témoignage de la reconnaissance que le prix d'un louage d'ouvrage, à ce titre l'on admettait que le contrat ne cessait pas pour cela d'être un mandat, et en cela la jurisprudence était en accord intime avec la science philosophique et en harmonie avec les divers mobiles qui président à nos actions.

Le Code proclame le mandat gratuit par sa nature ; mais, il n'est plus gratuit par son essence, il peut donc être rétribué par un honoraire : dans ce dernier cas, il conserve encore un élément de gratuité continuant à le rendre fort différent du louage de services par la qualité des faits que l'une des parties doit accomplir, et l'inégalité relative de l'honoraire qui n'a pas la prétention d'être le juste équivalent du service rendu. Il reste donc une place pour la gratitude, qui compense l'insuffisance du prix, et pour les sentiments officieux dans lesquels la solidarité est en droit de venir chercher sa justification et son appui.

Remarquons toutefois qu'il faut, pour que la solidarité prononcée par l'art. 2002 existe, la réunion de deux conditions : 1° et cela est évident, que le mandat ait été donné par plusieurs personnes ; 2° qu'il ait été donné

---

(1) Ulpien, L. 1, § 1. *Extraordinariis cognitionibus.*

pour une affaire commune. Si le mandataire n'avait reçu pouvoir que d'un seul mandant pour une affaire commune à plusieurs personnes, le mandant est seul directement obligé, les autres personnes, quoique ayant tiré avantage du mandat, ne pourraient être tenues que de l'action de *in rem verso.* De même, si le mandataire avait reçu pouvoir de plusieurs mandants, mais pour des affaires non communes, il n'y aurait aucune solidarité, parce qu'il y a en réalité autant de mandants qu'il y a d'affaires différentes ; et, en conséquence, le mandataire ne pourrait demander à chacun des intéressés que les indemnités afférentes à chaque mandat.

La solidarité étant exceptionnelle, et par conséquent, de droit étroit, l'art. 2002 ne serait pas applicable à celui qui s'est porté *negotiorum gestor* de plusieurs personnes ; ce dernier devra donc diviser son action entre ceux dont il a géré les affaires, dans la proportion de leur intérêt. Ce point est incontestable. Le bénéfice de notre article nous semble par la même raison ne pouvoir être invoqué par les mandataires légaux : la loi est muette pour ces cas, car il est clair qu'elle n'entend parler ici que des mandataires conventionnels.

Nous avons à nous demander, et c'est par là que va se clore notre travail, si cette obligation solidaire, qui peut résulter ainsi de sources bien diverses, a toujours absolument les mêmes caractères, quel que soit le fait qui lui a donné naissance. Déjà, en droit romain, nous avons, on se le rappelle, abordé l'étude de ce point délicat ; et, après avoir énuméré les cas dans lesquels nous était signalée l'existence d'une obligation corréale, nous avons mis à part, nous le répétons une dernière fois afin de rendre ici l'analogie plus sensible, les cas apocryphes et les cas véritables de corréalité. La même question s'impose de nouveau à nos recherches et réclame, encore plus qu'aucune autre, le secours de l'esprit d'examen. Nous la posons ainsi : la solidarité prononcée par les nombreuses dispositions de nos lois, et en particulier par les articles que nous venons de commenter, sera-t-elle, dans tous les cas, une solidarité véritable qui produira par conséquent les effets ordinaires de la solidarité, soit dans les rapports des débiteurs envers le créancier, soit dans les rapports respectifs des débiteurs? Nous ne le pensons pas : une distinction est imposée par la force des choses, distinction depuis longtemps accréditée dans la science : « Aliud est teneri totaliter, aliud « est teneri in solidum, » disait déjà Dumoulin. On objecte qu'il est arbitraire de distinguer là où la loi ne distingue pas. Quelle que soit l'opinion que l'on prenne au fond sur cette question, nous ne pouvons nous empêcher de dire, dès à présent, que ces raisons de textes si crues et si matérielles sont désespérantes. Un point n'est solidement établi en jurisprudence qu'autant que la lettre d'un article est en harmonie avec l'esprit fondamental de la loi. Tout le droit n'est donc pas dans les formules, et, par conséquent, l'argument qu'on nous oppose, est loin d'être triomphant. Aussi, nous le redisons, nous voyons la grande majorité des auteurs enseigner la doctrine que nous venons d'adopter, et nous n'avons ici, pour ainsi dire, qu'à nous laisser diriger par leurs puissantes déductions. Suivant la voie qu'ils ont tracée, nous distinguerons donc aussi, dans notre législation, des cas de solidarité parfaite et des cas de soli-

darité imparfaite, et nous les distinguerons avec d'autant
plus de soin, qu'ils diffèrent essentiellement les uns des
autres, d'abord dans leur origine, ensuite dans leurs effets.

Dans leur origine, — car l'obligation solidaire (parfaite) ne peut, aux termes de l'art. 1202 du Code Napoléon, dériver que d'une disposition législative qui l'é-
dicte, ou d'une convention formelle qui la proclame.
Or, le cadre des obligations solidaires (imparfaites) est
bien autrement étendu ; puisant souvent en elles-mêmes
leur propre raison d'être, ces dernières peuvent résulter, en outre, de la nature de la convention ou du fait
qui y donne naissance ; elles existent aussi en matière
de quasi-contrats, de délits et de quasi-délits, et dans
une foule de cas qu'il serait impossible d'énumérer.

Dans leurs effets, — et, pour le démontrer, nous n'a-
vons qu'à définir d'une façon précise l'obligation imparfaitement solidaire : une obligation est imparfaitement
solidaire lorsque plusieurs personnes, *sans entente entre
elles*, se trouvent obligées envers le créancier à l'acquitter intégralement. Cette définition, en même temps
qu'elle s'applique à tout le défini, en fait très-bien,
comme nous le verrons, ressortir la différence spécifique,
en outre, ne reproduisant, dans sa dernière disposition,
qu'un des caractères de l'obligation solidaire parfaite,
elle exclut implicitement par cela même tous les autres.

Nous allons mettre cette théorie en lumière en péné-
trant jusque dans l'intimité de ce nouveau rapport, et
montrer, avec le secours si précieux en droit, de la mé-
thode analytique, ses effets particuliers.

D'abord les débiteurs se trouvent obligés pour le tou
sans entente entre eux, voilà la raison première, voilà le

signe caractéristique de la relation juridique que nous
étudions, voilà notre criterium pour décider, un cas étant
donné, s'il y a solidarité parfaite ou solidarité imparfaite.
La première trouvera donc place, quand les obligés se
connaîtront, auront concouru au même fait, seront entre
eux en communion d'intérêts, en un mot, quand ils seront (1) *consortes*, et que de ce *consortium* naîtra une espèce de société faisant « *ut quodammodo videantur una
persona* » La seconde aura son application, lorsque les
codébiteurs se trouveront liés à la même obligation sans
avoir réuni leur activité, sans participation commune et
concertée au principe générateur de la dette, mais par
suite d'opérations isolées qu'un concours imprévu de
circonstance, et non leur volonté, aura rattachées entre
elles dans une dépendance fortuite. La première mar-
que le concours, la coopération réfléchie ; la seconde,
l'adjonction, l'accession accidentelle.

Telles sont les obligations solidaires parfaites et imparfaites ; leur nature véritable n'a été obscurcie que par la
terminologie de certains auteurs, derrière laquelle s'abri-
tent des idées mal définies.

Des principes que nous venons de poser découlent,
non-seulement sans effort, mais par un enchaînement irrésistible d'idées, les différences pratiques qui, dans la
vie des affaires, séparent les deux classes d'obligations
solidaires. En matière de solidarité parfaite, comme les
cooobligés sont, par l'effet ici prépondérant de leur volonté qui s'est fixée en ce sens, dans les liens d'un man-

_____

(1) M. Bugnet, Cours du 21 mai 1860.

dat ou plus exactement d'une fidéjussion réciproque, les actes faits avec un seul de ces débiteurs peuvent souvent, on le sait, être opposés aux autres (et la règle échappe à tout reproche d'iniquité puisque, nous insistons là dessus, cette situation a pour cause le consentement antérieurement manifesté des parties), comme aussi tous les débiteurs profitent fréquemment des actes faits par un seul. Ainsi, d'une part, les poursuites faites contre un seul interrompront la prescription vis-à-vis de tous les autres (art. 1206), la reconnaisance consentie par un seul aura incontestablement la même étendue, la demande d'intérêt formée contre un seul fera courir les intérêts à l'égard de tous (art. 1207); en un mot, les actes civils que le créancier, pour la poursuite ou la sauvegarde de son droit, dirigera contre l'un se réfléchiront solidairement contre les autres. D'autre part, si le créancier actionne un des débiteurs, et que ce débiteur fasse prononcer son relaxe en se fondant, il faut le supposer, non pas sur des exceptions à lui personnelles, mais sur des moyens communs à tous les débiteurs, le jugement devra naturellement profiter aussi à ses derniers. Toutes ces conséquences nous sont connues, mais c'était le lieu de les évoquer pour les faire comparaître en face de leur principe et éclairer ainsi la naissance et l'économie de la loi. En sens inverse, en matière de solidarité imparfaite, comme les différents débiteurs sont complétement étrangers l'un à l'autre, peuvent ne pas même se connaître, et que, s'ils sont tenus de la même prestation, c'est par suite d'agissements indépendants, les actes faits avec un seul des débiteurs ne nuisent en général qu'à lui, comme aussi en général ils ne profitent qu'à lui; ainsi, par exemple, les poursuites faites contre un seul n'interrompent certainement pas la prescription vis-à-vis des autres ; et, d'un autre côté, le serment prêté par un seul, la novation par lui obtenue, le jugement de relaxe qu'il a fait rendre, ne doivent profiter qu'à lui seul. Voilà pour les rapports des débiteurs avec le créancier.

Mais c'est surtout dans les rapports respectifs des débiteurs que les obligations solidaires imparfaites diffèrent des obligations solidaires parfaites. L'art. 1213 qui, jetant les bases du règlement définitif, déclare les débiteurs obligés par parts égales, ne doit s'appliquer, dans toute la force de sa présomption, qu'à la solidarité parfaite, et la raison en est bien simple ! Quand deux personnes s'obligent simultanément et de concert dans un contrat, la présomption naturelle est qu'elles ont profité également de ce contrat, que les coemprunteurs, par exemple, ont partagé les deniers, que les coacheteurs ont partagé la chose vendue. Si les choses se sont passées autrement, si les parties profitent du contrat inégalement, elles ne manqueront pas de le constater dans l'acte lui-même, leur intérêt est un sûr garant de cette révélation. Mais qui ne voit que pareille raison, la seule qui légitime l'art. 1213, est absolument inapplicable à la solidarité lorsqu'elle se produit sans entente préalable des débiteurs entre eux ? Peut-on se faire, contre ces derniers, un argument de leur silence, alors qu'ils n'ont point contracté ensemble, et que par conséquent ils n'ont pu à l'avance se prononcer sur leurs rapports ? Le principe de la division par portions viriles n'a alors rien d'obligatoire, le juge réglera le droit au recours *ex æquo et bono*, et n'appliquera l'art. 1213 qu'autant qu'il ne trouvera pas, dans les circonstances de la cause, un autre élément plus équitable de répartition.

Et maintenant s'il nous faut, pour ne laisser aucun point dans l'isolement, rapprocher de cette théorie les trois cas de solidarité légale dont l'examen a trouvé place dans ce rapide aperçu, nous dirons qu'il y aura solidarité parfaite, — et de droit commun, — entre les commodataires; qu'il y aura solidarité parfaite entre les comandants, mais seulement lorsque le mandat aura été donné par eux dans le même acte; enfin, que si les colocataires sont tenus solidairement à la réparation du dommage causé par l'incendie, il n'y aura du moins entre eux qu'une solidarité imparfaite. On a beau dire, avec le tribun Mouricault, que c'est aux locataires à s'entendre et à se surveiller mutuellement; mais la raison est mauvaise, elle est démentie par la nature des choses et par l'expérience.

En terminant cet examen des principes du Code Napoléon sur les obligations solidaires, nous ne dissimulons pas que nous sommes dominés par l'idée qu'il est encore supérieur, comme développement du droit naturel appliqué aux intérêts privés, aux législations dont il s'est inspiré, et qu'en particulier il correspond plus que tout autre aux aspirations de notre époque. Et par là nous sommes loin de démentir tout ce que nous avons dit sur les doctrines romaines et les jurisconsultes qui illustrèrent le siècle de Marc-Aurèle; car si, d'une part, ces derniers seront toujours placés à la tête de la science par la puissance de leur déduction et la profondeur de leurs vues; si leurs décisions concises, la fermeté de leurs jugements, la finesse et la sagacité de leurs aperçus, la richesse de leur esprit analytique, la rigueur et la beauté de leur style sont au-dessus de tout ce que nous connaissons ; d'autre part, il ne leur a pas été donné de tracer les limites de la pensée humaine. Entre leur époque et la nôtre se pressent bien des efforts de régénération sociale, qui ont donné le jour à des intérêts nouveaux et à des lois qui les protègent. Le progrès, ce besoin et cet effet du temps, a pénétré dans la jurisprudence, et la science des lois s'est rajeunie dans une révolution qui, pour elle aussi, a été une période de rénovation et de perfectionnement. Et sans vouloir ici établir un parallèle qui comporterait trop d'étendue, nous pouvons justifier la préférence que nous avons proclamée en disant que, dans le Code Napoléon, nous ne retrouvons plus ni cet antagonisme perpétuel entre le droit des gens et les inhospitalières institutions du droit civil, ni cet esclavage des formes qui pesait sur la volonté et brisait sa puissance contre des formules minutieuses, ni cette rigueur tyrannique des actions, ni cette confusion rendue inévitable par le devoir de tout rattacher à la loi Décemvirale, alors qu'en fait elle était, depuis des siècles, reléguée dans la classe des choses qui avaient fait leur temps ; enfin, pour tout dire, en un mot, l'équité n'y est plus à ses jours de lutte, elle y est maîtresse.

POSITIONS

DROIT ROMAIN.

I. Dès le temps des jurisconsultes, un rapport de corréalité pouvait, dans le *mutuum*, prendre naissance par un simple pacte, sans stipulation, accessoirement à la tradition de l'argent.

II. Le contrat *litteris* doit être considéré comme source générale de la corréalité, et non pas comme source spéciale, applicable seulement aux *argentarii*. Il ne faut pas confondre ce rapport des *argentarii* dans une obligation corréale, avec un rapport tout différent, venant de leur caractère industriel.

III. Il faut distinguer en droit romain des cas véritables et des cas improprement dits de corréalité.

IV. L'assertion de Papinien, contenue dans la loi IX, *principium, De duobus reis*, n'est pas inconciliable avec la précédente proposition.

V. En matière de corréalité véritable, le codébiteur poursuivi *in solidum* ne peut invoquer aucun bénéfice de division ; en matière de simple solidarité, la règle, à cet égard, est loin d'être absolue.

VI. En matière de corréalité véritable, la simple poursuite exercée contre l'un des *correi promittendi* libère les autres; en matière de simple solidarité, c'est seulement le payement qui opère libération.

VII. Il est de principe en matière d'obligation corréale comme en matière d'obligation solidaire que celui des débiteurs qui paye toute la dette a droit au bénéfice *cedendarum actionum*, mais le mode d'appliquer ce bénéfice n'est pas le même dans les deux cas.

VIII. La perte de la chose due par le fait imputable à l'un des débiteurs n'entraîne pas les mêmes conséquences juridiques en matière de solidarité et en matière de corréalité.

IX. Il ne faut pas mettre sur la même ligne le *factum* et la *mora debitoris;* et il n'y a point d'antinomie entre les L. L. 32, par. 4, *De usuris;* 173, par. 2, *De regulis juris;* 18, *De duobus reis.*

X. La Novelle 99 n'a pas accordé aux véritables *rei promittendi* le bénéfice de division.

DROIT FRANÇAIS.

I. Le codébiteur solidaire poursuivi peut opposer au créancier la compensation du chef de son codébiteur jusqu'à concurrence de la part de celui-ci dans la dette.

II. Un débiteur solidaire peut s'affranchir de la solidarité à concurrence de la part du débiteur vis-à-vis du quel le créancier a abandonné ou laissé perdre quelqu'une de ses sûretés ; en d'autres termes, les débiteurs solidaires peuvent opposer l'exception *cedendarum actionum*.

III. L'art. 1205, dont la disposition se réfère au cas où la chose due solidairement a péri par la faute ou pendant la demeure de l'un ou de plusieurs des débiteurs solidaires, ne fait que reproduire la doctrine imaginée par Dumoulin (*Tract. de div. et indiv.*, pars. III, nᵒˢ 126 et 127), et adoptée par Pothier (*Oblig.*, nᵒ 273).

IV. La solidarité est, suivant les cas, parfaite ou imparfaite.

V. Le montant de la réparation due au propriétaire, pour le dommage causé par l'incendie, ne se divisera pas, dans les rapports respectifs des locataires, nécessairement entre eux, par parts égales. Le juge réglera le droit au recours *ex æquo* et *bono*.

VI. Si le créancier a renoncé à l'action solidaire envers l'un des débiteurs, et qu'ensuite l'un ou plusieurs des autres codébiteurs deviennent insolvables, ce sera le débiteur déchargé qui supportera sa part contributoire dans l'insolvabilité.

DROIT PÉNAL.

I. La légitime défense ne peut pas résulter d'attaques contre les biens.

II. La résistance à un acte illégal de l'autorité publique, tantôt rentrera dans l'exercice du droit de légitime défense, tantôt constituera une rébellion.

DROIT DES GENS.

I. L'exemption de la juridiction locale dont jouissent les ambassadeurs ou envoyés diplomatiques n'a pas lieu en faveur des personnes qui sont attachées uniquement à leur service personnel.

II. Les consuls, vice-consuls, agents consulaires, chanceliers de consulat, ne jouissent pas, en principe général, de l'immunité de juridiction.

Vu par le président de la thèse, doyen de la Faculté.

C.-A. PELLAT.

Permis d'imprimer :

Le vice-recteur de l'Académie,

OUBIED.

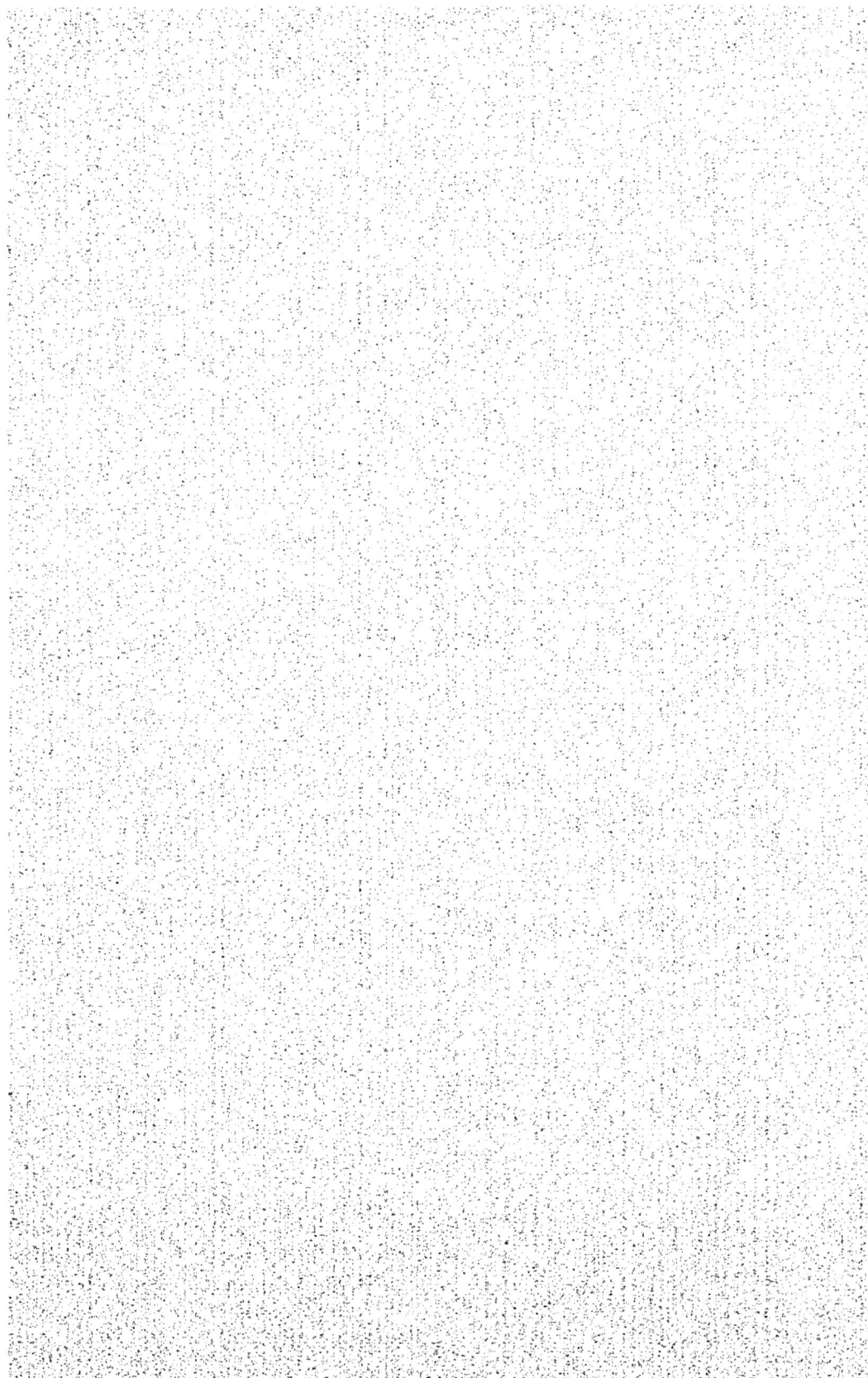